Türkenstraße 9
D-80333 München
1. Auflage 2015
ISBN 978-3-89883-498-8

Grafische Gestaltung	Georg Feigl, Jürgen Endriß (Netzwerk GbR)
Foodfotografie	Eising Studio | Food Photo & Video – Susanne Eising
Foodstyling	Eising Studio | Food Photo & Video – Michael Koch
Porträtfotos	Foto Sessner
Rezeptküche (herzhafter Teil)	Monika Reiter, Gerlinde Hans
Projektleitung	Eva-Maria Hege
Redaktion	Kathrin Gritschneder, Alexandra Gudzent, Regina Rautenberg
Vorwort	Rudolf Bögel
Herstellung	Peter Karg-Cordes
Producing	Jan Russok
Druck & Bindung	Mohn Media Mohndruck GmbH, Gütersloh

Beim Druck dieses Buchs wurde durch den innovativen Einsatz der Kraft-Wärme-Kopplung im Vergleich zum herkömmlichen Energieeinsatz bis zu 52% weniger CO_2 emittiert.

In Zusammenarbeit mit dem Bayerischen Fernsehen
mit Lizenz durch die BRW-Service GmbH

Die ZS Verlag GmbH ist ein Unternehmen der Edel AG, Hamburg.

www.zsverlag.de
www.facebook.com/zsverlag

Alfons Schuhbeck · Angelika Schwalber

Für dahoam & to go

herzhaft & süß

Bon voyage

handmade

INHALT

Schmankerl für zu Hause und unterwegs

Herzhaft und süß, Schmankerl für dahoam oder zum Mitnehmen! Wir, die Angelika und der Alfons, nehmen Sie in diesem Buch mit auf eine kulinarische Reise, die – wie immer bei uns – von den Gegensätzen lebt. Und Gegensätze ziehen sich ja bekanntlich an: das Herzhafte das Süße, der Koch die Konditorin oder auch umgekehrt. Dieses Mal aber machen wir lauter Spezialitäten to go, also zum Mitnehmen. Ob fürs Büro, wenn man nicht schon wieder in die Kantine gehen will, oder für daheim, wenn man grad mal keine Lust auf eine aufwendige Küche hat, aber schnell was Gutes auf dem Teller haben will.

To go, also Essen und Getränke zum Mitnehmen, ist ja einer der großen Genießertrends – und zwar weltweit. Sehen tut man das ja schon in aller Herrgottsfrüh, wenn die Leute auf dem Weg in die Arbeit ihren Becher Kaffee wie eine Monstranz vor sich hertragen. Coffee to go gibt's mittlerweile überall – beim Bäcker, im Zeitschriftenladen und sogar in der Tankstelle. Und natürlich auch allerhand zum Schnabulieren: Pizza to go, Asia-Nudeln to go, Sushi to go, einen Schweinsbraten to go … Ja und auch das haben wir kürzlich auf einem Ladenschild gelesen: „Coffee to go – auch zum Mitnehmen". Oh mei!

Da wennsd uns nicht gehst: So neu ist das alles ja wirklich nicht. Essen und Trinken zum Mitnehmen, das gibt es in Bayern ja schon seit Jahrhunderten. Die Wirtshäuser zum Beispiel: Da hat man sich in der Gassenschenke früher eine frische Maß Bier zapfen lassen – und ist dann mit dem Krug über die Straße nach Hause gegangen! Oder die Biergärten: Wo sonst auf der Welt kann man sich sein Essen schon selber ins Lokal mitbringen? Und dann erst die vielen Metzgereien und Bäckereien im ganzen Land: Herzhafte oder süße Zwischenmahlzeiten zum Mitnehmen sind hier in allen Varianten und Geschmäckern schon lange daheim.

Von daher sind wir zwei Bayern, die Angelika und der Alfons, geradezu prädestiniert, die schnelle Küche zum Mitnehmen neu zu erfinden. Unser Fast Food geht schnell und ist saugut. Bei uns wird nicht kompliziert gekocht, bei uns gibt es nur einen Star, und das ist der Geschmack! Wir legen Wert auf gute Qualität, und was noch wichtiger ist: Wir kochen und backen mit Leidenschaft für Sie, ob Sie nun daheim sind oder unterwegs.

Unsere Rezepte sind regional bis international: heimatlich mit einem Alpen-Chili-Burger oder spanisch inspiriert mit einer Chorizo und bayerischen Saubohnen, die Filetspitzen kommen mit einem Piña-Colada-Reis daher und die Lotte mit einem japanischen Wasabi. Aber auch beim Süßen schauen wir über den Teigschüsselrand hinaus. Topfennockerl und Schokobusserl treffen auf moderne Leckereien wie Push-up-Pops, Cakedrops oder Whoopies.

Egal, ob herzhaft oder süß, zum Mitnehmen oder für daheim: Bei unseren Schmankerln to go, da sagt ihr nicht „Geht's doch weiter mit eurem to go", für die geht's ihr meilenweit, so gut sind die.

Einen guten Appetit wünschen

Ihre Angelika Schwalber und Ihr Alfons Schuhbeck

herzhaft

von Alfons Schuhbeck

Zweierlei Crostini: Crostini mit Bohnencreme und Lammrücken

Zutaten für 8 Crostini

Für die Bohnencreme:
1 kleine Dose weiße Bohnen (240 g Abtropfgewicht)
4–5 EL Gemüsebrühe
1 EL Naturjoghurt
1 fein geriebene Knoblauchzehe
mildes Chilisalz · Zucker
½ TL Zatar-Gewürzmischung
6 getrocknete Tomaten (in Öl)

Für den Lammrücken:
150–170 g Lammlachs (ca. 15 cm lang)
½ TL Öl · mildes Chilisalz

Außerdem:
8 Minzeblätter
8 Scheiben Baguette

1 Für die Bohnencreme die weißen Bohnen in ein Sieb abgießen, kalt abbrausen und abtropfen lassen. Die Bohnen mit Brühe, Joghurt und Knoblauch in einen hohen Rührbecher geben.

2 Alles mit Chilisalz, 1 Prise Zucker und Zatar würzen und mit dem Stabmixer fein pürieren. Die getrockneten Tomaten abtropfen lassen, in feine Würfel schneiden und gleichmäßig unter die pürierten Bohnen mischen.

3 Für den Lammrücken den Lammlachs in 16 Scheiben schneiden und jede Scheibe mit dem Handballen etwas flach drücken. Eine Pfanne bei mittlerer Temperatur erhitzen, das Öl mit einem Pinsel darin verstreichen und die Lammscheiben auf beiden Seiten etwa 1 ½ Minuten braten. Anschließend mit Chilisalz würzen.

4 Zum Servieren die Minzeblätter waschen und trocken schütteln. Die Baguettescheiben in einer Pfanne ohne Fett auf beiden Seiten goldbraun rösten. Aus der Pfanne nehmen, jeweils mit der Bohnencreme bestreichen und mit Lammscheiben belegen. Zuletzt die Crostini mit den Minzeblättern garnieren.

Alfons Schuhbeck empfiehlt

Die beiden Crostini-Varianten auf dieser und der folgenden Seite eignen sich als Snack für eine Party. Wer getrocknete Tomaten selbst in Olivenöl einlegen möchte, köchelt die getrockneten Tomaten erst in wenig Wasser etwa 10 Minuten weich. Dann in ein Sieb abgießen, abtropfen lassen und in ein sauber ausgespültes Glas legen. Mit Olivenöl auffüllen. Falls Sie getrocknete Tomaten, die nicht in Öl eingelegt sind, untermischen möchten, diese wie beschrieben weich kochen, in kleine Würfel schneiden und unter die pürierten Bohnen rühren.

Zweierlei Crostini: Crostini mit Gurken-Minze-Dill-Aufstrich und Garnelen

Zutaten für 8 Crostini

Für den Gurken-Minze-Dill-Aufstrich:
150 g Salatgurke · Salz
200 g Doppelrahmfrischkäse
80 g griech. Joghurt (10 % Fett)
1–2 TL Dillspitzen und
2 Minzeblätter (jeweils frisch geschnitten)
1 Msp. abgeriebene unbehandelte Zitronenschale
mildes Chilisalz

Für die Garnelen:
8 Riesengarnelen (ohne Kopf, mit Schale) · ½ TL Öl
1 Knoblauchzehe (in Scheiben)
1 kleiner Zweig Rosmarin
1 Stück Vanilleschote (ca. 3 cm)
2 Kardamomkapseln (angedrückt)
2 Splitter Zimtrinde
1 EL mildes Olivenöl
mildes Chilisalz

Außerdem:
8 Scheiben Baguette
gemischte Kräuterblätter zum Garnieren (z. B. Dill, Sauerklee)

1 Für den Aufstrich die Gurke längs halbieren, die Kerne mit einem Teelöffel entfernen und die Gurkenhälften in ½ cm große Würfel schneiden. Die Gurkenwürfel in Salzwasser etwa 1 Minute blanchieren. Dann in ein Sieb abgießen, kalt abschrecken und abtropfen lassen.

2 Den Frischkäse mit dem Joghurt glatt rühren und die Gurkenwürfel untermischen. Dill, Minze und Zitronenschale unterziehen und den Aufstrich mit Chilisalz würzen.

3 Die Garnelen schälen, am Rücken nicht zu tief einschneiden und den Darm vorsichtig herausziehen. Dann die Garnelen waschen, trocken tupfen und längs halbieren.

4 Eine Pfanne bei mittlerer Temperatur erhitzen und das Öl mit einem Pinsel darin verstreichen. Die Garnelen hineinlegen und Knoblauch, Rosmarin, Vanilleschote, Kardamom und Zimtrindensplitter dazugeben. Die Garnelen 1 bis 1 ½ Minuten anbraten, wenden und die Pfanne vom Herd nehmen. Die Garnelen in der Nachhitze der Pfanne noch 1 bis 2 Minuten durchziehen lassen. Dann das Olivenöl dazugeben und die Garnelen mit Chilisalz würzen.

5 Die Baguettescheiben in einer Pfanne ohne Fett auf beiden Seiten goldbraun rösten. Herausnehmen und etwas abkühlen lassen. Den Aufstrich auf den Scheiben verteilen. Die Garnelen aus dem Gewürzöl nehmen und auf die Brote setzen. Zum Servieren die Kräuter waschen und trocken schütteln. Die Crostini mit den Kräutern garnieren (Foto siehe S. 11). Reste des Gurken-Minze-Dill-Aufstrichs halten sich zugedeckt im Kühlschrank bis zu 2 Tage.

Couscoussalat mit Garnelen

1 Für den Couscoussalat die Brühe aufkochen und das Couscous-Gewürz hineinrühren. Den Couscous in eine Schüssel geben und mit der heißen Gewürzbrühe übergießen. Mit Frischhaltefolie zugedeckt an einem warmen Ort etwa 10 Minuten ziehen lassen. Anschließend mit einer Gabel auflockern.

2 Inzwischen die Mandeln in einer Pfanne ohne Fett bei mittlerer Hitze hell rösten, herausnehmen und abkühlen lassen. Den Sellerie putzen und waschen, die Blätter abzupfen, trocken schütteln und fein schneiden. Die Stangen in dünne Scheiben schneiden. Die Tomaten waschen und vierteln. Die Gurke waschen, längs halbieren und die Kerne mit einem Teelöffel entfernen. Die Gurkenhälften in Würfel schneiden. Die Frühlingszwiebeln putzen, waschen und in dünne Ringe schneiden. Den kandierten Ingwer in kleine Würfel schneiden.

3 Gemüse, Ingwer, Rosinen, Berberitzen, Pistazien, Mandeln, Sellerieblätter und Kräuter zum Couscous geben. Orangensaft und -schale, Arganöl und Olivenöl verrühren und unter den Couscous mischen. Den Couscoussalat mit Chilisalz, 1 Prise Zucker und nach Belieben noch mit 1 Prise Chiliflocken abschmecken.

4 Von den Garnelen die Schale bis auf den Schwanzfächer entfernen. Die Garnelen am Rücken nicht zu tief einschneiden und den Darm vorsichtig herausziehen. Dann die Garnelen waschen und trocken tupfen.

5 Eine Pfanne bei mittlerer Temperatur erhitzen und das Öl mit einem Pinsel darin verstreichen. Garnelen hineinlegen, Knoblauch, Ingwer und Zimtrindensplitter dazugeben und alles 1 bis 2 Minuten anbraten. Die Garnelen wenden und 1 Minute weiterbraten. Vom Herd nehmen und die Garnelen in der Nachhitze der Pfanne noch 1 Minute durchziehen lassen. Mit Chilisalz würzen, ganze Gewürze wieder entfernen.

6 Zum Servieren den Couscoussalat auf Teller verteilen und die Garnelen danebensetzen. Nach Belieben den Salat zum Mitnehmen in eine Frischhaltebox geben und ggf. bis zum Servieren kühl stellen.

Zutaten für 4 Personen

Für den Couscoussalat:
1/4 l Hühner- oder Gemüsebrühe
2 TL Couscous-Gewürzmischung
120 g feiner Couscous
2 EL Mandelblättchen
150 g Staudensellerie (mit Grün)
200 g Cocktailtomaten (nach Belieben in verschiedenen Farben)
1 Salatgurke (ca. 300 g)
1/2 Bund Frühlingszwiebeln
1 EL kandierter Ingwer
je 1 EL Rosinen, Berberitzen und Pistazienkerne
je 1–2 TL Dillspitzen, Minze- und Kerbelblätter (jeweils frisch geschnitten)
Saft von 1 Orange
1/2 TL abgeriebene unbehandelte Orangenschale
1 EL Arganöl
1 EL mildes Olivenöl
mildes Chilisalz · Zucker
Chiliflocken nach Belieben

Für die Garnelen:
12 Riesengarnelen (ohne Kopf, mit Schale) · 1/2 TL Öl
2 Knoblauchzehen (angedrückt)
3 Scheiben Ingwer
2–3 Splitter Zimtrinde
mildes Chilisalz

Taboulehsalat mit Ras el Hanout und gebratener Hendlbrust

Zutaten für 4 Personen

Für den Taboulehsalat:
100 g feiner Bulgur
1/4 l Gemüsebrühe
1/2–1 TL Ras el Hanout (orientalische Gewürzmischung)
1 rote Zwiebel · 2 Tomaten
1–2 Bund Petersilie (ca. 50 g Blätter)
1 Handvoll Minzeblätter
3 EL Zitronensaft
5 EL mildes Olivenöl
mildes Chilisalz · Zucker
1 EL Koriandergrün (frisch geschnitten)
1/2 TL abgeriebene unbehandelte Zitronenschale

Für die gebratene Hendlbrust:
4 Hähnchenbrustfilets (à ca. 150 g) · 1/2–1 TL Öl
3–4 EL mildes Olivenöl
1 Knoblauchzehe (in Scheiben)
2 Scheiben Ingwer
3 grüne Kardamomkapseln (angedrückt)
1 Stück Vanilleschote (ca. 3 cm)
1 gestr. TL Ras el Hanout
mildes Chilisalz

Außerdem:
je 1 EL Mandelblättchen, Pistazien- und Granatapfelkerne sowie Rosinen

1 Für den Taboulehsalat den Bulgur in einem Sieb so lange gründlich mit kaltem Wasser abspülen, bis dieses klar bleibt. Den Bulgur mit der Brühe in einen Topf geben, mit einem Blatt Backpapier bedecken und knapp unter dem Siedepunkt 10 Minuten bissfest garen. Lauwarm abkühlen lassen und mit Ras el Hanout würzen.

2 Die Zwiebel schälen und in feine Würfel schneiden. Die Tomaten waschen und vierteln, dabei die Stielansätze und Kerne entfernen. Das Tomatenfruchtfleisch in Würfel schneiden. Die Petersilie und Minze waschen und trocken schütteln, die Petersilienblätter abzupfen und wie die Minze grob schneiden.

3 Für die Marinade den Zitronensaft und das Olivenöl verrühren und mit Chilisalz und 1 Prise Zucker würzen. Bulgur mit Zwiebel, Tomaten, Petersilie, Minze, Koriander, Zitronenschale sowie der Marinade mischen. Den Taboulehsalat etwas durchziehen lassen und, falls nötig, nochmals abschmecken.

4 Für die gebratene Hendlbrust das Hähnchenfleisch waschen, trocken tupfen und in 2 1/2 bis 3 cm große Stücke schneiden. Eine Pfanne bei mittlerer Temperatur erhitzen, das Öl mit einem Pinsel darin verstreichen und das Fleisch darin rundum 3 bis 4 Minuten anbraten.

5 Die Pfanne vom Herd nehmen und das Hähnchenfleisch in der Nachhitze der Pfanne noch etwas durchziehen lassen. Dann das Olivenöl hinzufügen, Knoblauch, Ingwer, Kardamom und Vanilleschote dazugeben und mit Ras el Hanout und etwas Chilisalz würzen. Die Hendlbruststücke rundum im Gewürzöl wenden.

6 Zum Servieren die Mandelblättchen in einer Pfanne ohne Fett bei mittlerer Hitze unter Rühren goldbraun rösten, dann herausnehmen und abkühlen lassen. Den Taboulehsalat auf Teller oder in Schalen verteilen und mit Mandelblättchen, Pistazien, Granatapfelkernen sowie Rosinen bestreuen. Zuletzt die gebratenen Hähnchenbruststücke auf dem Taboulehsalat anrichten.

„Happy Spoons": Gebratene Lotte mit Wasabi und Crevetten

Zutaten für ca. 8 Löffel

Für den karamellisierten Kümmel:
2 TL ganzer Kümmel
1–2 TL Puderzucker
mildes Chilisalz

Für den Wasabi-Dip:
50 g griech. Joghurt (10 % Fett)
1–2 Msp. Wasabi-Paste (ersatzweise Tafelmeerrettich)
mildes Chilisalz · Zucker

Für Lotte und Crevetten:
200 g Lottefilet (Seeteufel)
½ TL Öl
mildes Chilisalz
8 Crevetten (in Lake)
½ TL mildes Olivenöl

Außerdem:
einige Thai-Basilikumblätter

1 Für den karamellisierten Kümmel die Körner in einer beschichteten Pfanne bei milder Temperatur erhitzen, etwas Puderzucker darüberstäuben und unter Rühren karamellisieren. Noch zwei- bis dreimal Puderzucker darüberstäuben und schmelzen lassen. Dann mit etwas Chilisalz würzen. Die Körner aus der Pfanne nehmen, abkühlen lassen und im Mörser nach Belieben grob zerstoßen.

2 Für den Wasabi-Dip den Joghurt mit Wasabi-Paste glatt rühren und alles mit Chilisalz und 1 Prise Zucker abschmecken.

3 Das Lottefilet waschen, trocken tupfen und in 8 etwa 1 ½ cm große Würfel oder Scheiben schneiden. Eine Pfanne bei mittlerer Temperatur erhitzen, das Öl mit einem Pinsel darin verstreichen und die Fischstücke rundum 3 bis 4 Minuten anbraten. Die Pfanne vom Herd nehmen und die Fischstücke in der Nachhitze der Pfanne noch kurz durchziehen lassen. Danach mit dem karamellisierten Kümmel bestreuen und mit Chilisalz würzen.

4 Die Crevetten waschen, abtropfen lassen und mit Olivenöl mischen. Das Thai-Basilikum waschen, trocken tupfen und die Blätter abzupfen. Zum Servieren jeweils etwas Wasabi-Dip auf „Happy Spoons" oder andere Löffel geben. Dann je 1 Stück Lotte und 1 Crevette darauflegen und mit Thai-Basilikum garnieren (auf dem Foto in der Mitte).

Alfons Schuhbeck empfiehlt

Damit der karamellisierte Kümmel schön kross bleibt, am besten unmittelbar nach dem Abkühlen in ein sauberes Schraubglas oder ein anderes gut schließendes Gefäß füllen und bei Zimmertemperatur lagern.
Anstelle von Crevetten können Sie auch sehr kleine Garnelen verwenden.

„*Happy Spoons*": Lachstatar mit Orangen-Limetten-Dip

Zutaten für ca. 8 Löffel

Für das Lachstatar:
200 g Lachsfilet
2 Walnusshälften
2 geh. TL Pistazienkerne
1 TL kandierter Ingwer
1 EL mildes Olivenöl
1–2 TL Limettensaft
¼ TL abgeriebene unbehandelte Limettenschale · Salz

Für den Orangen-Limetten-Dip:
80 g griech. Joghurt (10 % Fett)
je 1–2 Msp. abgeriebene unbehandelte Limetten- und Orangenschale
1 EL Orangensaft
1 Spritzer Limettensaft
1 Msp. Wasabi-Paste (ersatzweise Tafelmeerrettich)
mildes Chilisalz

Außerdem:
8 kleine Minzeblätter

1 Für das Lachstatar das Lachsfilet waschen, trocken tupfen und mit einem scharfen Messer in sehr kleine Würfel schneiden. Die Walnüsse und Pistazien grob hacken. Den kandierten Ingwer ebenfalls hacken.

2 Die Lachswürfel erst mit dem Olivenöl mischen, dann Walnüsse, Pistazien, Ingwer, Limettensaft und -schale dazugeben, alles gut mischen und das Lachstatar mit Salz abschmecken.

3 Für den Orangen-Limetten-Dip den Joghurt mit Limetten- und Orangenschale sowie Orangensaft glatt rühren. Mit 1 Spritzer Limettensaft und der Wasabi-Paste verrühren und den Dip zuletzt mit Chilisalz kräftig würzen.

4 Zum Servieren die Minze waschen und trocken schütteln. Den Orangen-Limetten-Dip auf „Happy Spoons" oder andere Löffel verteilen. Aus dem Lachstatar mit einem Teelöffel kleine Nocken formen, auf den Dip setzen und jeweils mit 1 Minzeblatt garnieren (siehe Foto S. 17). Nach Belieben unbehandelte Limettenspalten dazu reichen.

Alfons Schuhbeck empfiehlt

Das Lachstatar lässt sich gut einige Stunden im Voraus zubereiten. Zum Servieren unbedingt nochmals abschmecken, denn beim Ruhen zieht das Fischtatar stark nach und verliert an Geschmack.

Marinierte Gurken mit Quinoa, Thunfisch und Kalbsmedaillons

1 Für die Quinoa die Brühe in einem Topf aufkochen und die Quinoa einstreuen. Vanilleschote, Zimtrindensplitter, Knoblauch und Ingwer hinzufügen, alles mit einem Blatt Backpapier bedecken und knapp unter dem Siedepunkt 15 bis 20 Minuten ziehen lassen.

2 Die ganzen Gewürze wieder entfernen und die Quinoa in eine Schüssel geben. Orangensaft und -schale sowie Olivenöl unterrühren und die Quinoa mit Chilisalz und 1 Prise Zucker abschmecken.

3 Die Gurken putzen, waschen und längs in dünne Scheiben hobeln oder schneiden. Die Gurkenscheiben mit Salz würzen und einige Minuten ziehen lassen, damit sie weicher werden.

4 Für den Ingwerjoghurt den eingelegten Ingwer abtropfen lassen und fein hacken. Den Joghurt mit Ingwer und Einlegesaft verrühren und mit 1 Prise Chilisalz und Zucker abschmecken.

5 Für den Thunfisch beide Sesamsorten, Chiliflocken und Fleur de Sel mischen. Das Olivenöl mit Limettensaft und -schale zu einer Marinade verrühren und mit etwas Salz würzen. Den Thunfisch waschen, trocken tupfen und bis zum Servieren beiseitestellen.

6 Für die Kalbsmedaillons eine Pfanne bei mittlerer Temperatur erhitzen, das Öl mit einem Pinsel darin verstreichen und die Medaillons darin 1 bis 2 Minuten braten. Wenden und die Medaillons noch 1 bis 2 Minuten braten, dann mit Chilisalz würzen.

7 Zum Servieren die Kalbsmedaillons auf vorgewärmte Teller setzen. Den Thunfisch mit der Marinade bestreichen, mit der Sesammischung bestreuen und neben die Medaillons legen. Die marinierten Gurkenscheiben aufrollen und mit dem Quinoasalat danebensetzen. Den Ingwerjoghurt darüberträufeln und alles nach Belieben mit Erbsensprossen garnieren.

Zutaten für 4 Personen

Für die Quinoa:
1/4 l Gemüsebrühe
je 50 g weiße und rote Quinoa
1 Stück Vanilleschote (ca. 3 cm)
1–2 Splitter Zimtrinde
1 fein geriebene Knoblauchzehe
1/2 TL fein geriebener Ingwer
Saft von 1/2 Orange
1/2 TL abgeriebene unbehandelte Orangenschale
1–2 EL mildes Olivenöl
mildes Chilisalz · Zucker

Für die Gurken:
1–2 Mini-Gurken (à ca. 120 g und 15 cm Länge) · Salz

Für den Ingwerjoghurt:
1 EL eingelegter Ingwer mit
1 EL Ingwereinlegesaft (aus dem Glas)
150 g griech. Joghurt (10 % Fett)
mildes Chilisalz · Zucker

Für den Thunfisch:
je 1 TL weiße und schwarze Sesamsamen
1/4 TL milde Chiliflocken
1 TL Fleur de Sel
1 EL mildes Olivenöl
1 TL Limettensaft
1/2–1 TL abgeriebene unbehandelte Limettenschale · Salz
4 große Scheiben Thunfischfilet (à ca. 80 g; Sushi-Qualität)

Für die Kalbsmedaillons:
1/2 TL Öl
8 Kalbsmedaillons (à 50–60 g)
mildes Chilisalz

Zweierlei Wraps: Hähnchen-Wraps mit Tomaten und Papaya

Zutaten für 4 Personen

Für den Dip:
150 g Naturjoghurt
2 TL Aprikosenkonfitüre
1 TL Dijon-Senf
1/4 TL milde Chiliflocken
Salz

Für die Hähnchen-Wraps:
1 Mini-Romanasalat (ca. 120 g)
1 EL Minzeblätter
1 Tomate
1/2 reife Papaya (ca. 200 g)
2 Hähnchenbrustfilets (à ca. 150 g)
1/2 rote Zwiebel
1/2–1 TL Öl
1 TL BBQ-Gewürz
mildes Chilisalz
4 große oder 8 kleine Weizentortillas (Fertigprodukt)
8 oder 16 Schnittlauchhalme (nach Belieben)

1 Für den Dip den Joghurt mit Aprikosenkonfitüre und Senf glatt rühren. Mit Chiliflocken und etwas Salz würzen.

2 Für die Hähnchen-Wraps den Romanasalat putzen, waschen und trocken schleudern, dann in kleine Stücke zupfen. Die Minze waschen und trocken tupfen, fein schneiden und zum Salat geben. Die Tomate waschen und vierteln, dabei den Stielansatz entfernen. Die Tomatenviertel in Würfel schneiden. Die Papaya entkernen, schälen und in Würfel schneiden.

3 Die Hähnchenbrustfilets waschen, trocken tupfen und in Streifen schneiden. Die Zwiebel schälen und in feine Würfel schneiden. Eine Pfanne bei mittlerer Temperatur erhitzen, das Öl mit einem Pinsel darin verstreichen und das Fleisch mit der Zwiebel darin 2 bis 3 Minuten anbraten. Die Pfanne vom Herd nehmen, die Hähnchenstreifen mit dem BBQ-Gewürz mischen und mit Chilisalz würzen.

4 Die Tortillafladen nacheinander in einer Pfanne ohne Fett bei mittlerer Hitze auf beiden Seiten kurz erwärmen. Sofort mit dem Dip bestreichen, dabei die Ränder freilassen. Die Salat-Minze-Mischung jeweils auf das untere Drittel der Tortillas verteilen. Dann die Tomaten- und Papayawürfel darüberstreuen. Mit Chilisalz leicht würzen und die Hähnchenstreifen darauf verteilen. Den unteren Tortillarand über die Füllung klappen, die Seitenränder einschlagen und die Tortillas aufrollen. Zum Servieren die Wraps schräg halbieren und jede Hälfte nach Belieben mit 1 Schnittlauchhalm festbinden.

Zweierlei Wraps: Vegetarische Wraps mit Pfifferlingen

Zutaten für 4 Personen

Für das Pesto:
1 EL Mandelblättchen
50 g Babyspinat
40 g Petersilie (Blätter und feine Stiele) · Salz
1 Handvoll gemischte Kräuter (z. B. Basilikum, 3–4 Estragonblätter, Kerbel)
½ kleine Knoblauchzehe (in Scheiben)
1 Msp. fein geriebener Ingwer
5 EL Gemüsebrühe
5 EL Olivenöl
1 EL geriebener Parmesan
mildes Chilisalz

Für die vegetarischen Wraps:
2–4 Kopfsalatblätter (je nach Größe)
½ rotbackiger Apfel
2 Stangen Staudensellerie
¼ Zwiebel
200 g kleine Pfifferlinge
1 TL Petersilienblätter (frisch geschnitten)
Salz · gemahlener Kümmel
1 Msp. abgeriebene unbehandelte Zitronenschale
4 große oder 8 kleine Weizentortillas (Fertigprodukt)

1 Für das Pesto die Mandelblättchen in einer Pfanne bei mittlerer Hitze hell rösten, herausnehmen und abkühlen lassen. Den Spinat verlesen, dann mit der Petersilie waschen und trocken schleudern. Spinat und Petersilie in Salzwasser 1 bis 2 Minuten blanchieren. In ein Sieb abgießen, kalt abschrecken und abtropfen lassen. Mit den Händen gut ausdrücken und die Blätter klein schneiden.

2 Die gemischten Kräuter waschen und trocken schütteln, mit Spinat, Petersilie, Knoblauch, Ingwer, Brühe, Olivenöl, Parmesan und Mandelblättchen in einem hohen Rührbecher mit dem Stabmixer fein pürieren. Das Pesto mit Chilisalz würzen.

3 Für die vegetarischen Wraps die Kopfsalatblätter putzen, waschen, trocken schleudern und in etwa 1 cm breite Streifen schneiden. Den Apfel waschen, halbieren und entkernen. Die Apfelviertel jeweils in 4 Spalten schneiden und diese quer in Scheiben schneiden. Den Sellerie putzen, waschen und in Scheiben schneiden. Die Zwiebel schälen und in feine Würfel schneiden. Die Pfifferlinge gründlich putzen, falls nötig, waschen und trocken tupfen.

4 Eine Pfanne ohne Fett bei milder Hitze erwärmen und Apfel, Sellerie und Zwiebel darin andünsten. Die Pfifferlinge hinzufügen und 2 bis 3 Minuten mitdünsten. Die Petersilie dazugeben und alles mit Salz, 1 Prise Kümmel und der Zitronenschale würzen.

5 Die Tortillafladen nacheinander in einer Pfanne ohne Fett bei mittlerer Hitze auf beiden Seiten kurz erwärmen. Die Kopfsalatblätter auf das untere Drittel der Tortillas verteilen. Die Apfel-Pilz-Füllung daraufgeben und mit Pesto beträufeln. Den unteren Tortillarand über die Füllung klappen, die Seitenränder einschlagen und die Tortillas aufrollen. Zum Servieren die Wraps schräg halbieren (Foto siehe S. 21).

Eintopf vom Tafelspitz mit Kopfsalat-Meerrettich-Pesto

1 Für den Eintopf eine große Pfanne bei mittlerer Temperatur erhitzen, das Öl mit einem Pinsel darin verstreichen und den Tafelspitz darin rundum anbraten. 2 l Wasser in einem Topf erhitzen und das Fleisch hineinlegen, es soll gut mit Flüssigkeit bedeckt sein. Dann bei milder Hitze knapp unter dem Siedepunkt 2 ½ bis 3 Stunden gar ziehen lassen.

2 Inzwischen für das Pesto die Mandeln in einer Pfanne ohne Fett leicht rösten, herausnehmen und abkühlen lassen. Salat waschen und trocken schleudern. Petersilie waschen, trocken schütteln und Blätter abzupfen. Spinat verlesen, waschen und trocken schleudern, grobe Stiele entfernen. Petersilie und Spinat in kochendem Salzwasser 1 bis 2 Minuten blanchieren. In ein Sieb abgießen, kalt abschrecken und ausdrücken, dann grob zerkleinern. Salat, Petersilien-Spinat-Mischung und Brühe mit dem Stabmixer fein pürieren. Meerrettich, Knoblauch, Ingwer, Zitronenschale, Parmesan, Mandeln und Öl dazugeben und nochmals fein pürieren. Das Pesto mit Chilisalz würzen.

3 Pfeffer, Wacholder und Piment in einen Einwegteebeutel füllen und verschließen. Zwiebel ungeschält halbieren. Lauch putzen und waschen, ein Viertel in 1 cm breite Streifen schneiden und für die Einlage beiseitestellen. Sellerie und Karotte schälen. 45 Minuten vor Ende der Garzeit das Gemüse mit Gewürzbeutel und Lorbeerblatt zur Brühe geben.

4 Die Kartoffeln schälen, in ½ bis 1 cm große Würfel schneiden und in Salzwasser weich garen. Abgießen und ausdampfen lassen. Spargel waschen und im unteren Drittel schälen, die holzigen Enden entfernen. Spargel schräg in etwa 1 ½ cm lange Stücke schneiden. Pfifferlinge putzen, falls nötig, waschen und trocken tupfen. Die Bohnen putzen, waschen, in 1 ½ cm breite Stücke schneiden und in Salzwasser bissfest garen. In ein Sieb abgießen, kalt abschrecken und abtropfen lassen.

5 Fleisch, Gemüse und Gewürzbeutel aus dem Topf heben, Brühe durch ein feines Sieb gießen. Karotte in Scheiben, Sellerie in 1 cm große Würfel schneiden, Lauch, Zwiebel und Gewürze entfernen. Das Fleisch erst in Scheiben, dann in etwa 1 cm große Stücke schneiden.

6 Die Brühe nochmals erhitzen, aber nicht kochen. Spargel, beiseitegestellte Lauchstreifen und Pfifferlinge hinzufügen und einige Minuten ziehen lassen. Dann Fleisch, Karotte, Sellerie, Kartoffeln und Bohnen in der Brühe kurz erhitzen. Zum Servieren den Eintopf mit Chilisalz würzen, etwas Muskatnuss in vorgewärmte tiefe Teller reiben und mit dem Tafelspitzeintopf auffüllen. Mit Pesto beträufeln.

Zutaten für 4 Personen

Für den Eintopf:
½ TL Öl
750 g Tafelspitz
¼ TL schwarze Pfefferkörner
2 Wacholderbeeren
5 Pimentkörner
1 braunschalige Zwiebel
½ dünne Stange Lauch
100 g Knollensellerie
1 Karotte
½ Lorbeerblatt
2 festkochende Kartoffeln
Salz
150 g grüner Spargel
100 g kleine Pfifferlinge
100 g breite grüne Bohnen (Stangenbohnen)
mildes Chilisalz

Für das Kopfsalat-Meerrettich-Pesto:
1 EL Mandelblättchen
80 g Kopfsalatblätter
1 Bund Petersilie
2 Handvoll Blattspinat
Salz
5 EL Rinderbrühe
4 TL Sahnemeerrettich (aus dem Glas)
½ geschälte Knoblauchzehe
1 Msp. fein geriebener Ingwer
1 Msp. abgeriebene unbehandelte Zitronenschale
1 EL geriebener Parmesan
60 ml Öl
mildes Chilisalz

Außerdem:
frisch geriebene Muskatnuss

Blumenkohl-Curry-Suppe mit Lachs

Zutaten für 4 Personen

1 Blumenkohl (ca. 800 g)
800 ml Gemüsebrühe
200 g Sahne
1 fein geriebene Knoblauchzehe
½ TL fein geriebener Ingwer
1 EL mildes Currypulver
20 g kalte Butter
mildes Chilisalz
1 Msp. abgeriebene unbehandelte Zitronenschale
300 g Lachsfilet
1–2 TL Schnittlauch (in 1 cm lange Stifte geschnitten)

1 Den Blumenkohl putzen, waschen und in einzelne Röschen teilen. Die Brühe in einem Topf aufkochen und die Blumenkohlröschen darin knapp unter dem Siedepunkt etwa 20 Minuten weich garen. Dabei nach etwa 15 Minuten ein Drittel der Blumenkohlröschen mit dem Schaumlöffel herausheben und für die Suppeneinlage beiseitestellen.

2 Sahne, Knoblauch, Ingwer und Currypulver zur Suppe geben und mit dem Stabmixer unterrühren. Dann die kalte Butter in Stücken dazugeben und mit dem Stabmixer untermischen. Die Suppe mit Chilisalz und etwas Zitronenschale abschmecken und die beiseitegestellten Blumenkohlröschen wieder dazugeben.

3 Das Lachsfilet waschen, trocken tupfen und in 1 ½ bis 2 cm große Würfel schneiden. Kurz vor dem Servieren in die heiße Suppe geben und etwa 3 Minuten ziehen lassen.

4 Zum Servieren die Suppe auf vorgewärmte tiefe Teller oder Schalen verteilen und mit den Schnittlauchstiften bestreuen.

Alfons Schuhbeck empfiehlt

Die Blumenkohl-Curry-Suppe lässt sich ausgezeichnet vorbereiten: Dafür die Suppe wie in Step 1 und 2 beschrieben zubereiten, abkühlen lassen und kühl stellen. Zum Servieren die Suppe nochmals erhitzen und mit dem Lachs wie beschrieben fertigstellen. Die Suppe eignet sich auch zum Mitnehmen. Einfach fertig kochen, in gut verschließbare Plastikdosen füllen und vor Ort (z. B. im Büro) wieder aufwärmen. Alternativ die warme Suppe in einer Thermoskanne mitnehmen, dazu dann nach Belieben alle Blumenkohlröschen pürieren.

Gulaschsuppe

Zutaten für 4 Personen

Für die Gulaschsuppe:
700 g Rindfleisch (aus Wade oder Schulter; ca. 600 g)
400 g Zwiebeln
1 TL Puderzucker
2 EL Tomatenmark
800 ml Hühnerbrühe
je ½ gelbe und rote Paprikaschote
¼ Zucchino
2 festkochende Kartoffeln
Salz · 1 Lorbeerblatt
mildes Chilisalz
Pfeffer aus der Mühle

Für das Gulaschgewürz:
2 Knoblauchzehen
2 Streifen unbehandelte Zitronenschale
½ TL ganzer Kümmel
½ TL getrockneter Majoran
½ TL fein geriebener Ingwer
1 TL Paprikapulver (edelsüß)
2 EL Gemüsebrühe

Außerdem:
100 g kleine Pfifferlinge
3 Debrecziner Würste

1 Für die Gulaschsuppe das Rindfleisch von Fett und groben Sehnen befreien und in 1 cm große Würfel schneiden. Die Zwiebeln schälen und in feine Würfel schneiden. Die Zwiebelwürfel in einem Topf ohne Fett bei milder Temperatur erhitzen, mit Puderzucker bestäuben und einige Minuten dünsten. Das Tomatenmark dazugeben und kurz anrösten. Dann die Fleischwürfel unterrühren und alles mit der Brühe auffüllen. Die Suppe mit einem Stück Backpapier bedecken und knapp unter dem Siedepunkt 2 ½ Stunden garen, bis das Fleisch weich ist.

2 Inzwischen Paprikaschoten längs halbieren, entkernen, waschen und in ½ bis 1 cm große Würfel schneiden. Zucchino putzen, waschen und in kleine Würfel schneiden. Kartoffeln schälen, waschen und in etwa 1 cm große Würfel schneiden.

3 Die Kartoffeln in Salzwasser mit dem Lorbeerblatt 10 bis 15 Minuten weich garen. In ein Sieb abgießen und abtropfen lassen, dabei das Lorbeerblatt entfernen. Paprika und Zucchino 10 Minuten vor Ende der Garzeit in die Suppe geben. Mit Chilisalz würzen.

4 Inzwischen für das Gulaschgewürz den Knoblauch schälen und fein hacken. Die Zitronenschale und den Kümmel ebenfalls fein hacken und mit Knoblauch, Majoran und Ingwer mischen. Das Paprikapulver mit der Brühe oder nach Belieben mit 1 bis 2 EL warmem Wasser verrühren.

5 Die Pfifferlinge gründlich putzen, falls nötig, waschen und trocken tupfen. Die Debrecziner in ½ bis 1 cm dicke Scheiben schneiden. Eine Pfanne ohne Fett bei mittlerer Temperatur erhitzen und die Pfifferlinge mit den Wurstscheiben darin braten.

6 Das angerührte Paprikapulver mit dem Gulaschgewürz in die Suppe rühren. Die Kartoffeln dazugeben und noch 5 Minuten ziehen lassen. Die Gulaschsuppe mit Chilisalz und Pfeffer abschmecken.

7 Zum Anrichten die Gulaschsuppe auf vorgewärmte tiefe Teller oder Schalen verteilen und die Pfifferling-Debrecziner-Mischung daraufstreuen. Zum Mitnehmen die Gulaschsuppe heiß mit Pfifferlingen und Debreczinern in Twist-off-Gläser füllen.

Zucchiniröllchen mit Süsskartoffelpüree

1 Für das Süßkartoffelpüree die Süßkartoffel mit der Schale gründlich waschen und in Salzwasser weich garen. Abgießen, kurz ausdampfen lassen und möglichst heiß pellen. Die Süßkartoffel durch die Kartoffelpresse in einen hohen Rührbecher drücken. Currypulver, Milch und braune Butter dazugeben, alles mit Salz würzen und mit dem Stabmixer fein pürieren. Das Püree warm halten.

2 Inzwischen für die Sellerie-Nuggets die Selleriescheiben schälen und in 2 ½ bis 3 cm große Ecken schneiden. Mit der Brühe in einen Topf geben, mit einem Blatt Backpapier bedecken und knapp unter dem Siedepunkt etwa 20 Minuten weich garen. Dann den Sellerie in ein Sieb abgießen, abtropfen und etwas abkühlen lassen.

3 Inzwischen für die Zucchiniröllchen den Zucchino putzen, waschen und längs in dünne Scheiben schneiden. In Salzwasser etwa ½ Minute blanchieren. In ein Sieb abgießen, kalt abschrecken, abtropfen lassen und auf einem Küchentuch ausbreiten. Mit etwas Chilisalz und Zatar würzen, aufrollen und mit Zahnstochern feststecken. Eine Pfanne bei mittlerer Temperatur erhitzen, das Öl mit einem Pinsel darin verstreichen und die Zucchiniröllchen darin rundum goldbraun anbraten. Die Zahnstocher zum Servieren wieder entfernen.

4 Die Bratpaprika im Ganzen waschen und gut trocken tupfen. Eine Pfanne bei mittlerer Temperatur erhitzen, das Öl mit einem Pinsel darin verstreichen und die Bratpaprika darin 3 bis 4 Minuten rundum rösten, bis sie etwas Farbe angenommen haben und weich sind. In eine Schüssel oder auf eine Platte geben und mit Maldon Sea Salt würzen.

5 Für die Sellerie-Nuggets das Ei und das Mehl in einen hohen Rührbecher geben, die Orangenschale hinzufügen und alles mit dem Stabmixer mischen. Die Weißbrotbrösel in einen tiefen Teller geben. Die Selleriestücke nacheinander durch den Teig ziehen, etwas abtropfen lassen und in den Bröseln wenden. Das Öl in einer Pfanne 4 bis 5 mm hoch bei mittlerer Temperatur erhitzen und die Selleriestücke darin auf beiden Seiten goldbraun braten. Herausnehmen, auf Küchenpapier abtropfen lassen und mit Chilisalz würzen.

6 Zum Servieren das Süßkartoffelpüree auf vorgewärmte Teller verteilen. Sellerie-Nuggets, Zucchiniröllchen und Bratpaprika auf das Püree setzen und nach Belieben mit essbaren Blüten garnieren.

Zutaten für 4 Personen

Für das Süßkartoffelpüree:
1 große Süßkartoffel (ca. 400 g)
Salz · ½ TL mildes Currypulver
50 ml Milch
1 EL braune Butter (siehe S. 56)

Für die Sellerie-Nuggets:
2 Scheiben Knollensellerie (jeweils ca. 1 cm dick)
100 ml Gemüsebrühe
1 Ei
30 g doppelgriffiges Mehl
½ TL abgeriebene unbehandelte Orangenschale
50 g Weißbrotbrösel
Öl zum Braten
mildes Chilisalz

Für die Zucchiniröllchen:
1 Zucchino (250–300 g)
Salz · mildes Chilisalz
1–2 TL Zatar-Gewürzmischung
1 TL Öl

Außerdem:
200 g kleine Bratpaprikaschoten (Pimientos de Padrón)
1 TL Öl
Maldon Sea Salt (wahlweise eine andere Meersalzsorte)

Offene Schwammerlstrudel mit Kohlrabi-Spinat-Salat

Zutaten für 8 Stück

Für die Schwammerlstrudel:
je 150 g kleine, feste Pfifferlinge und Steinpilze (außerhalb der Saison andere Pilze)
1/4 Zwiebel · 1 TL Öl
1 EL Petersilienblätter (frisch geschnitten)
100 g weiche Laugenstangen (vom Vortag)
75 ml Milch
1 Ei · mildes Chilisalz
frisch geriebene Muskatnuss
getrockneter Majoran
1 Msp. abgeriebene unbehandelte Zitronenschale
flüssige Butter für Förmchen und Strudelteig
16 Strudelteigblätter (à ca. 15 x 15 cm; aus dem Kühlregal)

Für den Kohlrabi-Spinat-Salat:
1 kleiner Kohlrabi (mit Grün; ca. 250 g)
150 ml Gemüsebrühe
100 g Babyspinat
1 Handvoll feine Petersilienblätter
5 Radieschen
1 EL Zitronensaft
1 EL Öl
1 TL mildes Olivenöl
mildes Chilisalz · Zucker

Außerdem:
einige essbare Blüten

1 Für die Schwammerlstrudel die Pilze putzen und trocken abreiben. Dabei Pfifferlinge, falls nötig, waschen und trocken tupfen. Die Pfifferlinge ganz lassen, die Steinpilze in etwa 1 cm große Würfel schneiden. Die Zwiebel schälen und in feine Würfel schneiden. Eine Pfanne bei mittlerer Temperatur erhitzen, das Öl mit einem Pinsel darin verstreichen und die Pilze darin kurz anbraten. Zwiebel und Petersilie hinzufügen und noch etwas mitziehen lassen. Ein Drittel der Pilze zum Servieren beiseitestellen.

2 Von den Laugenstangen das Salz entfernen und die Stangen in 1/2 bis 1 cm große Würfel schneiden. Die Milch aufkochen, das Ei unterrühren und alles mit Chilisalz, 1 Prise Muskatnuss, 1 Prise Majoran und Zitronenschale würzen. Die Ei-Milch-Mischung zu den Laugenwürfeln geben und locker mischen, dabei nicht drücken.

3 Den Backofen auf 180 °C vorheizen. Acht Mulden eines Muffinblechs mit Butter einfetten. 8 Teigblätter auf die Arbeitsfläche legen und dünn mit Butter bestreichen. Jeweils ein zweites Teigblatt um 45 ° versetzt darauflegen und ebenfalls mit Butter bestreichen. Je 1 Doppelstrudelblatt in eine Mulde legen, dabei die Enden 1 bis 2 cm überstehen lassen. Die Pilzmasse mit einem Esslöffel in die Muffinformen füllen und etwas glatt streichen. Die Schwammerlstrudel im Ofen auf der mittleren Schiene etwa 15 Minuten goldbraun backen.

4 Inzwischen für den Salat den Kohlrabi putzen, dabei die kleinen Blätter abzupfen, waschen und in Streifen schneiden. Den Kohlrabi schälen, in schmale Spalten schneiden und mit der Brühe in einen Topf geben. Mit einem Blatt Backpapier bedecken und knapp unter dem Siedepunkt 10 bis 15 Minuten weich dünsten. Kohlrabi mit der Flüssigkeit und den Blättern in einer Schüssel lauwarm abkühlen lassen.

5 Den Spinat verlesen, waschen und trocken schütteln. Die Petersilie waschen und trocken schütteln. Die Radieschen putzen, waschen, in dünne Scheiben hobeln und unter den Kohlrabi mischen. Zitronensaft, Öl, Olivenöl, Chilisalz und 1 Prise Zucker zu einer Marinade verrühren, unter den Salat mischen und alles nochmals abschmecken. Zuletzt Spinat und Petersilie unterheben.

6 Zum Servieren je 2 Schwammerlstrudel auf vorgewärmte Teller setzen und den Kohlrabi-Spinat-Salat daneben anrichten. Die beiseitegestellten Pilze auf Strudel und Salat verteilen. Mit Blüten garnieren.

Gemüsetarte mit Liebstöckel

Zutaten für 1 Tarteform
(ca. 28 cm Durchmesser)

Für den Boden:
200 g Mehl
2 EL geriebener Parmesan (ca. 15 g)
2 TL getrockneter Liebstöckel
100 g kalte Butter
Salz
1 EL Weißweinessig
Butter für die Form
Mehl zum Ausrollen
getrocknete Hülsenfrüchte zum Blindbacken
1 Eiweiß

Für die Füllung:
1 EL Korianderkörner
1 junge Zwiebel
1 kleiner Kohlrabi (ca. 200 g)
3 junge Karotten (ca. 150 g)
150 g Zucchino
1 halbierte Knoblauchzehe
1 Scheibe Ingwer
1 Streifen unbehandelte Zitronenschale
100 ml Gemüsebrühe
100 g blanchierte Erbsen
Salz · Pfeffer aus der Mühle

Für den Guss:
150 g Doppelrahmfrischkäse
150 g Sahne · 75 ml Milch
3 Eier
Salz · Pfeffer aus der Mühle
mildes Chilipulver
getrockneter Liebstöckel
etwas frisch geriebene Muskatnuss

1 Für den Boden das Mehl mit Parmesan, Liebstöckel, kalter Butter in Stücken, 1 gestr. TL Salz, 70 ml kaltem Wasser und Essig zu einem glatten Teig verkneten. Den Teig zu einem flachen Ziegel formen, in Frischhaltefolie wickeln und im Kühlschrank 1 Stunde ruhen lassen.

2 Den Backofen auf 200 °C vorheizen. Die Tarteform mit Butter einfetten. Den Teig auf der bemehlten Arbeitsfläche dünn ausrollen und die Form damit auslegen. Den Boden mit einer Gabel mehrmals einstechen und nochmals 30 Minuten kühl stellen.

3 Dann den Boden mit Backpapier belegen, die Hülsenfrüchte darauffüllen und den Boden im Ofen auf der mittleren Schiene 10 Minuten blind backen. Herausnehmen, Backpapier samt Hülsenfrüchten entfernen und den Boden noch 15 Minuten backen. Wieder herausnehmen, mit verquirltem Eiweiß bestreichen und 1 bis 2 Minuten weiterbacken. Dann den Boden aus dem Ofen nehmen und abkühlen lassen.

4 Inzwischen für die Füllung die Korianderkörner in einer Pfanne ohne Fett bei milder Hitze leicht rösten, bis sie zu duften beginnen. Herausnehmen, abkühlen lassen und in eine Gewürzmühle füllen. Die Zwiebel schälen und in Streifen schneiden. Kohlrabi und Karotten putzen und schälen, den Kohlrabi in dünne Spalten schneiden, die Karotten je nach Dicke längs halbieren oder vierteln. Den Zucchino putzen, waschen, längs vierteln und in etwa ½ cm dicke Scheiben schneiden.

5 Zwiebel, Kohlrabi, Karotten, Knoblauch, Ingwer und Zitronenschale mit der Brühe in eine tiefe Pfanne geben. Mit einem Blatt Backpapier bedecken und bei milder Hitze etwa 10 Minuten dünsten. Den Zucchino dazugeben und weitere 3 bis 4 Minuten dünsten. Zuletzt die Erbsen hinzufügen und kurz erhitzen. Das Gemüse in ein Sieb abgießen und abtropfen lassen. Mit Salz, Pfeffer und reichlich Koriander aus der Mühle würzen und auf dem Tarteboden verteilen.

6 Für den Guss den Frischkäse mit Sahne, Milch und Eiern glatt rühren und mit Salz, Pfeffer, je 1 Prise Chilipulver und Liebstöckel sowie Muskatnuss kräftig würzen. Über das Gemüse gießen und die Tarte im Ofen auf der untersten Schiene 25 bis 30 Minuten backen. Herausnehmen, lauwarm abkühlen lassen und in Stücke schneiden. Nach Belieben warm oder kalt servieren.

Kartoffel-Mohn-Gnocchi mit Birnen und Spinat

1 Für die Gnocchi die Kartoffeln schälen, waschen und in reichlich Salzwasser weich garen. Abgießen, kurz ausdampfen lassen und noch heiß durch die Kartoffelpresse drücken. Die Kartoffelmasse auf einem Tablett ausbreiten und bei Zimmertemperatur 5 bis 10 Minuten abkühlen lassen. Den Mohn in einer Pfanne ohne Fett bei milder Hitze unter Rühren rösten, bis er zu duften beginnt. Herausnehmen und abkühlen lassen.

2 Gut 600 g Kartoffelmasse abwiegen und auf der Arbeitsfläche mit Speisestärke, Mohn und etwas Salz bestreuen. Die Eigelbe daraufgeben und alles mit den Händen rasch zu einem glatten Teig verkneten. Aus dem Kartoffelteig mit wenig Mehl etwa 2 cm breite Rollen formen und diese in 1 bis 2 cm lange Stücke schneiden.

3 Die Gnocchi in reichlich kochendem Salzwasser so lange garen, bis sie nach oben steigen. Dann noch 2 Minuten weitergaren. Mit dem Schaumlöffel herausheben, nebeneinander auf einem geölten Tablett abkühlen lassen. Bis zum Servieren zugedeckt beiseitestellen.

4 Den Spinat verlesen, waschen und trocken schütteln. Die Birne waschen, vierteln, entkernen und in 1 cm große Würfel schneiden. Den Blauschimmelkäse zerpflücken. Salbeiblätter waschen und trocken tupfen.

5 Die Brühe in einer großen tiefen Pfanne mit Orangenschale, Knoblauch, Ingwer, Zimtrindensplitter und Salbei erwärmen. Die Gnocchi hineingeben und erwärmen. Spinat und Birnenwürfel hinzufügen und ebenfalls erhitzen. Die Pfanne vom Herd nehmen, den Blauschimmelkäse dazugeben und schmelzen lassen. Die Kartoffel-Mohn-Gnocchi mit Chilisalz, Pfeffer und Muskatnuss würzen. Zum Servieren die ganzen Gewürze wieder entfernen.

Zutaten für 4 Personen

Für die Kartoffel-Mohn-Gnocchi:
700 g mehligkochende Kartoffeln · Salz
1 EL Blaumohn
50 g Speisestärke
2 Eigelb
Mehl zum Verarbeiten
Öl für das Tablett

Außerdem:
150 g Babyspinat
1 reife, rotschalige Birne
100 g Blauschimmelkäse (ggf. entrindet)
5 Salbeiblätter
70 ml Gemüsebrühe
1 Streifen unbehandelte Orangenschale
1 Knoblauchzehe (in Scheiben)
3 Scheiben Ingwer
1 Splitter Zimtrinde
mildes Chilisalz
Pfeffer aus der Mühle
etwas frisch geriebene Muskatnuss

Alfons Schuhbeck empfiehlt

Damit der Mohn nur einen milden Nusston erhält, sollte man ihn nicht zu lange in der Pfanne rösten. Achten Sie darauf, wann er zu duften beginnt und ob die Farbe bereits nachdunkelt – dann sofort aus der Pfanne nehmen.

Kartoffel-Tortilla mit Chorizo und Saubohnen

Zutaten für 4 Personen

Für die Kartoffel-Tortilla:
500 g festkochende Kartoffeln
Salz · ½ Zwiebel · 80 g Chorizo (span. Paprikawurst)
150 g Saubohnenkerne
4 getrocknete Tomaten (in Öl)
6 Eier · 6 EL Sahne
mildes Chilisalz
Pfeffer aus der Mühle
etwas frisch geriebene Muskatnuss
1 TL Öl · gemahlener Kümmel
getrockneter Majoran

Für den Kräuterdip:
200 g griech. Joghurt (10 % Fett) · ½ TL Dijon-Senf
2 EL gemischte Kräuterblätter (z. B. Bärlauch, Dill, Kerbel, Minze, Petersilie, Schnittlauch)
1 EL mildes Olivenöl
1 Msp. abgeriebene unbehandelte Limettenschale
1 Spritzer Limettensaft
mildes Chilisalz · Zucker

Für den Salat:
1 Mini-Romanasalat
½ rote Zwiebel
½ geschälte Knoblauchzehe
1–2 TL Limettensaft
½ TL abgeriebene unbehandelte Limettenschale
1 EL mildes Olivenöl
mildes Chilisalz · Zucker
1 Handvoll gemischte Kräuterblätter (z. B. Dill, Gartenkresse, Kerbel, Mini-Basilikum, Minze)
einige Kapuzinerkresseblüten

1 Für die Tortilla die Kartoffeln schälen, waschen und in 1 cm große Würfel schneiden. In Salzwasser etwa 5 Minuten noch leicht bissfest kochen, in ein Sieb abgießen und ausdampfen lassen. Inzwischen die Zwiebel schälen und in feine Würfel schneiden. Die Chorizo in kleine Würfel schneiden. Von den Saubohnenkernen die Schale entfernen (ergibt etwa 100 g geschälte Bohnenkerne). Tomaten abtropfen lassen und in kleine Würfel schneiden.

2 Den Backofen auf 180 °C vorheizen. Eier und Sahne verrühren und mit Chilisalz, Pfeffer und Muskatnuss würzen. Zwei kleine beschichtete Pfannen (à etwa 20 cm Durchmesser) bei mittlerer Temperatur erhitzen, je ½ TL Öl mit einem Pinsel darin verstreichen und jeweils die Hälfte der Zwiebel darin kurz andünsten.

3 Jeweils die Hälfte von Kartoffeln, Chorizo, Saubohnen und Tomaten dazugeben und alles mit je 1 Prise Kümmel und Majoran sowie Chilisalz würzen. Die Eiermilch auf beide Pfannen verteilen und die Tortillas jeweils 2 bis 3 Minuten anbraten. Dann im Ofen auf der mittleren Schiene noch 15 bis 20 Minuten stocken lassen.

4 Inzwischen für den Kräuterdip den Joghurt mit dem Senf glatt rühren. Die Kräuter waschen und trocken schütteln, fein schneiden und mit Olivenöl und Limettenschale unter den Dip rühren. Mit Limettensaft, etwas Chilisalz sowie 1 Prise Zucker abschmecken.

5 Für den Salat den Romanasalat putzen, waschen und trocken schleudern, die Blätter in mundgerechte Stücke zupfen. Die Zwiebel schälen und in Streifen schneiden. Eine kleine Schüssel mit der halbierten Knoblauchzehe ausreiben und Salat und Zwiebel hineingeben. Für die Marinade Limettensaft und -schale und Olivenöl verrühren und mit Chilisalz und 1 Prise Zucker würzen. Dann den Salat mit der Marinade gut mischen.

6 Die Tortillas aus dem Ofen nehmen und einige Minuten abkühlen lassen. Dann jeweils auf einen flachen Teller stürzen. Zum Servieren die Kräuter waschen, trocken schütteln und die Blätter abzupfen. Die Tortillas in beliebig große Stücke schneiden, auf Teller setzen und etwas Salat daneben anrichten. Mit Kräutern und Kapuzinerkresseblüten garnieren. Den Kräuterdip in einer kleinen Schale dazu reichen. Die Tortilla schmeckt warm oder kalt.

Burritos mit Rinderhack und Bohnen

1 Die Zwiebel schälen und in feine Würfel schneiden. Die Paprikaschoten entkernen, waschen und in kleine Würfel schneiden. Die Chorizo erst in dünne Scheiben und diese dann klein schneiden.

2 Eine tiefe Pfanne bei mittlerer Temperatur erhitzen, das Öl mit einem Pinsel darin verstreichen und die Zwiebelwürfel darin andünsten. Das Hackfleisch dazugeben und krümelig anbraten. Das Tomatenmark hinzufügen und kurz anrösten. Danach das Tomatenpüree und die Brühe dazugießen und alles knapp unter dem Siedepunkt etwa 30 Minuten schmoren lassen.

3 Nach 10 Minuten Lorbeerblatt und Paprikawürfel dazugeben. Die Kidneybohnen in ein Sieb abgießen, kalt abbrausen und abtropfen lassen. Die Bohnen zuletzt mit der Wurst unter die Hackfüllung mischen und kurz erwärmen. Alles mit Chilisalz, Knoblauch, Ingwer, je 1 Prise Kreuzkümmel und Oregano sowie Zitronenschale würzen und zuletzt die Petersilie untermischen.

4 Die Tortillafladen nacheinander in einer Pfanne ohne Fett bei mittlerer Hitze auf beiden Seiten kurz erwärmen. Die Rinderhack-Bohnen-Füllung auf die Tortillas verteilen, dabei die Ränder frei lassen. Jeweils den unteren Tortillarand über die Füllung klappen, die Seitenränder einschlagen und die Tortillas aufrollen. Zum Servieren die Burritos nach Belieben schräg halbieren.

Zutaten für 4 Personen

1 Zwiebel · je ½ gelbe und rote Paprikaschote
80 g Chorizo (span. Paprikawurst) · ½ TL Öl
350 g Rinderhackfleisch
1 EL Tomatenmark
150 g Tomatenpüree (aus dem Glas)
170 ml Hühnerbrühe
1 Lorbeerblatt
200 g Kidneybohnen (aus der Dose) · mildes Chilisalz
1 fein geriebene Knoblauchzehe
½ TL fein geriebener Ingwer
gemahlener Kreuzkümmel
getrockneter Oregano
1 Msp. abgeriebene unbehandelte Zitronenschale
1 EL Petersilienblätter (frisch geschnitten)
4 Weizentortillas (Fertigprodukt)

Alfons Schuhbeck empfiehlt

Die Hackfüllung lässt sich sehr gut vorbereiten und muss zum Servieren einfach nur wieder aufgewärmt werden. Die Kidneybohnen und die Chorizo-Stücke kommen dann erst beim Wiederaufwärmen in die Füllung.

Zander in Bierteig auf Erbsen-Minz-Püree

Zutaten für 4 Personen

Für die Remoulade:
1 Ei · ½ kleine Essiggurke
mit 1 EL Essiggurkenwasser
80 g griech. Joghurt (10 % Fett)
½ TL scharfer Senf
1 EL Schnittlauchröllchen
einige Tropfen Zitronensaft
mildes Chilisalz · Zucker

Für den Zander:
500 g Zanderfilet
100 g Mehl
120 ml eisgekühltes Wasser
75 ml eisgekühltes Bier
1 EL Öl · mildes Chilisalz
etwas frisch geriebene
Muskatnuss
Fett zum Frittieren
2 TL Dijon-Senf
Mehl zum Wenden

Für das Erbsen-Minz-Püree:
750 g tiefgekühlte Erbsen
Salz · 3 EL Sahne
3 EL Gemüsebrühe
3 EL braune Butter (siehe S. 56)
mildes Chilisalz
4–6 Minzeblätter

Außerdem:
80 g Frühstücksspeck
(in Scheiben) · 2–3 EL Brühe
1 EL Butter · mildes Chilisalz
einige Minzeblätter und essbare
Blüten zum Garnieren

1 Für die Remoulade das Ei in kochendem Wasser etwa 10 Minuten hart kochen. Dann kalt abschrecken, pellen und halbieren. Eine Hälfte klein hacken (die andere Hälfte anderweitig verwenden). Die Gurke in kleine Würfel schneiden. Den Joghurt mit Gurkenwasser und Senf glatt rühren und Schnittlauch, Essiggurke und Ei untermischen. Die Remoulade mit Zitronensaft, Chilisalz und 1 Prise Zucker kräftig würzen.

2 Für den Zander das Fischfilet waschen, trocken tupfen und in 8 Stücke schneiden. Das Mehl mit eiskaltem Wasser, Bier und Öl verrühren und mit Chilisalz und Muskatnuss würzen.

3 Das Fett in der Fritteuse oder in einem großen Topf auf 170 bis 180 °C erhitzen. Es ist heiß genug, wenn sich an einem hineingehaltenen Holzlöffelstiel Blasen bilden. Die Fischstücke rundum dünn mit Senf einstreichen. Dann in Mehl wenden, durch den Bierteig ziehen und im Fett 3 bis 4 Minuten ausbacken. Mit dem Schaumlöffel herausheben und auf Küchenpapier abtropfen lassen. Den Zander zum Servieren mit Chilisalz würzen.

4 Für das Erbsen-Minz-Püree die Erbsen in Salzwasser 2 bis 3 Minuten blanchieren. Die Erbsen in ein Sieb abgießen und in einen hohen Rührbecher geben, dabei etwa 100 g Erbsen abnehmen und zum Servieren beiseitestellen. Sahne, Brühe, braune Butter und Chilisalz zu den Erbsen geben und alles mit dem Stabmixer fein pürieren. Die Minzeblätter waschen und trocken tupfen, fein schneiden und zuletzt unter das Erbsenpüree mischen.

5 Den Speck in einer Pfanne ohne Fett bei mittlerer Temperatur knusprig braten. Herausnehmen, auf Küchenpapier abtropfen lassen und die Scheiben halbieren.

6 Zum Servieren die beiseitegestellen Erbsen mit der Brühe erhitzen, die Butter einrühren und alles mit Chilisalz würzen. Das Erbsen-Minz-Püree auf vorgewärmte Teller verteilen, die Erbsen daraufgeben und den Zander danebensetzen. Alles mit Speck garnieren und mit Remoulade beträufeln. Alternativ Püree und Remoulade in kleinen Schalen servieren. Mit Minzeblättern und essbaren Blüten garnieren.

The Daily
Crinkle,
By Spud Tatterson

Lauwarmer Nudelsalat mit gebratenen Calamari

Zutaten für 4 Personen

500 g kleine Calamari
1 Bund Frühlingszwiebeln
3 Knoblauchzehen
einige Korianderkörner
1 TL Öl
7 Scheiben Ingwer
½ aufgeschlitzte Vanilleschote
4 kleine Splitter Zimtrinde
10 grüne Kardamomkapseln (angedrückt)
3 EL mildes Olivenöl
1–2 EL Petersilienblätter (frisch geschnitten)
mildes Chilisalz
400 g Casarecce (ital. Nudeln)
Salz
100 ml Gemüsebrühe
Saft von ½ Zitrone
Zucker

1 Von den Calamari jeweils den Kopf und die Arme mit den Eingeweiden aus dem Körperbeutel ziehen. Die Arme knapp unter den Augen so vom Kopf abtrennen, dass sie noch durch einen dünnen Ring verbunden bleiben. Die Tentakel so in beide Hände nehmen, dass der Schnabel oben liegt. Das Kauwerkzeug von unten herausdrücken. Das durchsichtige Fischbein aus dem Körperbeutel ziehen und die dünne Haut entfernen. Tentakel und Tuben gründlich waschen und trocken tupfen. Tuben in 3 cm große Stücke schneiden, Tentakel zerkleinern.

2 Die Frühlingszwiebeln putzen, waschen und in feine Ringe schneiden. Den Knoblauch schälen und in Scheiben schneiden. Die Korianderkörner in einer Pfanne ohne Fett bei mittlerer Hitze unter ständigem Rühren hell rösten, herausnehmen und abkühlen lassen. Dann in eine Gewürzmühle füllen.

3 Zwei große Pfannen bei mittlerer Temperatur erhitzen, je ½ TL Öl mit einem Pinsel darin verstreichen und jeweils die Hälfte der Calamari mit der Hälfte von Frühlingszwiebeln, Knoblauch, 4 Ingwerscheiben und Gewürzen darin unter Rühren etwa 1 Minute anbraten. Die Pfannen vom Herd nehmen und alles in eine Salatschüssel geben. Olivenöl und die Petersilie hinzufügen und die Calamari mit dem Koriander aus der Mühle und mit Chilisalz würzen.

4 Die Casarecce in reichlich kochendem Salzwasser nach Packungsanweisung mit dem übrigen Ingwer bissfest garen. In ein Sieb abgießen, dabei den Ingwer entfernen, und abtropfen lassen. Die Nudeln mit den Calamari mischen und sofort Brühe und Zitronensaft hinzufügen. Den Nudelsalat mit Chilisalz und Zucker abschmecken und am besten lauwarm servieren.

Alfons Schuhbeck empfiehlt

Der lauwarme Nudelsalat lässt sich sehr gut vorbereiten und schmeckt – am besten portionsweise verpackt – übrigens auch kalt. Den Nudelsalat dann zum Servieren nochmals abschmecken.

Linguine mit Räucherlachs und Lauch

1 Die Linguine in reichlich kochendem Salzwasser mit dem Ingwer 3 Minuten kürzer als auf der Packung angegeben garen. In ein Sieb abgießen, abtropfen lassen und auf einem Backblech verteilen. Die Nudeln etwas ausdampfen lassen und danach mit Olivenöl mischen, dabei den Ingwer wieder entfernen.

2 Den Lauch putzen, längs halbieren und gründlich waschen. In 7 cm lange Stücke und diese dann in feine Streifen schneiden. Den Lachs in dünne Streifen schneiden.

3 Die Brühe in einer großen tiefen Pfanne erhitzen. Die Lauchstreifen hinzufügen und knapp unter dem Siedepunkt etwa 3 Minuten fast weich garen. Dann die Sahne dazugießen, Knoblauch und Ingwer hinzufügen und alles kurz erhitzen.

4 Die vorgegarten Linguine zum Lauch geben und etwa 2 Minuten garen, bis sie fast die gesamte Flüssigkeit aufgenommen haben. Dann Petersilie, Zitronenschale und Anislikör untermischen. Die Pfanne vom Herd nehmen und Kapern und Lachsstreifen untermischen. Zum Servieren die Linguine mit Räucherlachs und Lauch auf vorgewärmte Pasta-Teller verteilen.

Zutaten für 4 Personen

400 g Linguine
Salz
3 Scheiben Ingwer
1 EL mildes Olivenöl
½ Stange Lauch
120 g Räucherlachs (in Scheiben)
¼ l Gemüsebrühe
100 g Sahne
1 fein geriebene Knoblauchzehe
½–1 TL fein geriebener Ingwer
1–2 TL Petersilienblätter (frisch geschnitten)
abgeriebene Schale von 1 unbehandelten Zitrone
1 EL Anislikör (z. B. Pernod)
1 EL Kapern

Alfons Schuhbeck empfiehlt

Der dünn geschnittene Räucherlachs ist äußerst hitzeempfindlich und sollte deshalb wie beschrieben erst zum Servieren unter die heißen Nudeln gemischt werden.

Zitronen-Risotto mit grünem Spargel und Garnelen

Zutaten für 4 Personen

Für den Zitronen-Risotto:
350 g grüner Spargel
1 Zwiebel
1 TL Puderzucker
300 g Risotto-Reis (z. B. Arborio, Vialone Nano oder Carnaroli)
50 ml trockener Weißwein
1 l Gemüsebrühe
1 Lorbeerblatt
½ geschälte Knoblauchzehe
2 Scheiben Ingwer
abgeriebene Schale von 1 unbehandelten Zitrone
1 EL kalte Butter
1–2 EL geriebener Parmesan
1 Spritzer Zitronensaft
mildes Chilisalz

Für die Garnelen:
12 Riesengarnelen (ohne Kopf, mit Schale)
½ TL Öl
30 g flüssige braune Butter (siehe S. 56; wahlweise mildes Olivenöl)
½ TL mildes Currypulver
2 Knoblauchzehen (in Scheiben)
4 Scheiben Ingwer
mildes Chilisalz

1 Für den Zitronen-Risotto den grünen Spargel waschen, im unteren Drittel schälen und die holzigen Enden entfernen. Die Spargelstangen schräg in ½ cm dicke Scheiben schneiden. Die Zwiebel schälen und in feine Würfel schneiden.

2 Die Zwiebelwürfel in einem Topf ohne Fett bei milder Temperatur erhitzen, mit Puderzucker bestäuben und einige Minuten dünsten. Den Reis dazugeben, mit dem Wein ablöschen und einkochen lassen. Die Brühe dazugießen und das Lorbeerblatt hinzufügen. Alles mit einem Blatt Backpapier bedecken und knapp unter dem Siedepunkt etwa 20 Minuten garen. Der Risotto sollte schön cremig sein, die Reiskörner dürfen aber noch einen leichten Biss haben.

3 Nach etwa 15 Minuten Garzeit Spargel, Knoblauch und Ingwer zum Risotto geben und wieder mit Backpapier bedecken. Sobald der Risotto fertig ist, die ganzen Gewürze wieder entfernen. Dann Zitronenschale, kalte Butter in Stücken und Parmesan unterrühren und den Risotto mit Zitronensaft und Chilisalz abschmecken.

4 Inzwischen von den Garnelen die Schale bis auf den Schwanzfächer entfernen. Die Garnelen am Rücken nicht zu tief einschneiden und den Darm vorsichtig herausziehen. Die Garnelen waschen, trocken tupfen und an der dicken Seite 1 bis 2 cm tief einschneiden, sodass sie wie ein Schmetterling aufgeklappt werden können.

5 Eine Pfanne bei mittlerer Temperatur erhitzen, das Öl mit einem Pinsel darin verstreichen und die Garnelen darin auf einer Seite 1 bis 2 Minuten anbraten. Dann wenden und noch 1 Minute braten. Die Pfanne vom Herd ziehen und die Garnelen in der Nachhitze der Pfanne noch etwa 1 Minute durchziehen lassen.

6 Die braune Butter über die Garnelen träufeln und das Currypulver darüberstreuen. Knoblauch und Ingwer dazugeben, alles mit Chilisalz würzen und gut mischen. Zum Servieren den Zitronen-Risotto auf vorgewärmte tiefe Teller verteilen und die Garnelen darauf anrichten.

Ofenkartoffeln mit Matjes-Curry-Dip

Zutaten für 4 Personen

Für die Ofenkartoffeln:
4 sehr große vorwiegend festkochende Kartoffeln (à ca. 200 g; ersatzweise 8 mittelgroße Kartoffeln) · Salz

Für den Matjes-Curry-Dip:
1 geh. EL mildes Currypulver
6 EL warme Gemüsebrühe
500 g griech. Joghurt (10 % Fett)
1 TL abgeriebene unbehandelte Limettenschale
mildes Chilisalz · Zucker
einige Spritzer Limettensaft
1 säuerlicher Apfel
2 Essiggurken
4 Frühlingszwiebeln
400 g Matjesfilets

1 Für die Ofenkartoffeln den Backofen auf 200 °C vorheizen. Die Kartoffeln mit der Schale waschen, trocken tupfen und jeweils auf 1 Stück Alufolie legen. Dann mit etwas Salz bestreuen und jeweils in die Alufolie einwickeln. Die Ofenkartoffeln auf ein Backblech setzen und im Ofen auf der mittleren Schiene 60 bis 70 Minuten garen.

2 Inzwischen für den Matjes-Curry-Dip das Currypulver mit der Brühe verrühren. Den Joghurt mit dem angerührten Currypulver und der Limettenschale in einer Schüssel glatt rühren. Den Curryrahm mit Chilisalz, 1 Prise Zucker sowie Limettensaft kräftig abschmecken.

3 Den Apfel waschen, vierteln und entkernen. Die Apfelviertel ebenso wie die Essiggurken quer in etwa ½ cm dicke Scheiben schneiden. Die Frühlingszwiebeln putzen, waschen und in feine Ringe schneiden. Die Matjesfilets in 1 bis 1 ½ cm breite Stücke schneiden.

4 Die Apfel- und Essiggurkenscheiben mit den Frühlingszwiebeln und Matjesfiletstücken unter den Curryrahm rühren, den Matjes-Curry-Dip ggf. etwas nachwürzen. Zum Servieren die Ofenkartoffeln längs aufschneiden und den Dip darin verteilen.

Alfons Schuhbeck empfiehlt

Wer den Matjes-Curry-Dip gern vegetarisch zubereiten möchte, lässt die Matjeswürfel einfach weg und gibt stattdessen 1 bis 2 in Würfel geschnittene, gedünstete und wieder abgekühlte rote Paprikaschoten dazu.

Pitabrot mit Putenbrust, Grillgemüse und Pinienkernen

1 Für das Grillgemüse den Zucchino putzen, waschen, längs halbieren und schräg in ½ cm dicke Scheiben schneiden. Die Paprikaschote vierteln, entkernen, waschen und in größere Stücke schneiden. Aubergine putzen, waschen, längs vierteln und in etwa ½ cm dicke Scheiben schneiden. Die Zwiebel schälen und in Streifen schneiden.

2 Eine Grillpfanne bei mittlerer Temperatur erhitzen, etwas Öl mit einem Pinsel darin verstreichen und das Gemüse darin nach und nach bei mittlerer Hitze auf beiden Seiten grillen. Anschließend das gegrillte Gemüse mit Olivenöl, Knoblauch und Ingwer in einer Schüssel mischen und mit Chilisalz und Pfeffer würzen.

3 Die Pinienkerne in einer Pfanne ohne Fett bei mittlerer Hitze unter Rühren goldbraun rösten und unter das Gemüse heben.

4 Für die Putenbrust das Fleisch waschen, trocken tupfen und in ½ bis 1 cm dicke Streifen schneiden. Eine Pfanne bei mittlerer Temperatur erhitzen, das Öl mit einem Pinsel darin verstreichen und die Putenstreifen darin einige Minuten anbraten. Die Pfanne vom Herd ziehen und das Fleisch in der Nachhitze der Pfanne noch einige Minuten durchziehen lassen. Das Olivenöl darüberträufeln und alles mit Gyros-Gewürz und Chilisalz würzen.

5 Für den Dip den Joghurt mit Zitronensaft und -schale, Dill und Petersilie glatt rühren und mit Chilisalz würzen. Die Pitabrote in einer großen Pfanne ohne Fett auf beiden Seiten etwas anwärmen. Dann herausnehmen, seitlich aufschneiden und mit Grillgemüse und Putenstreifen füllen. Zum Servieren mit dem Dip beträufeln.

Zutaten für 4 Personen

Für das Grillgemüse:
⅓ Zucchino
1 gelbe Paprikaschote
¼ Aubergine
½ rote Zwiebel · 1–2 EL Öl
2 EL mildes Olivenöl
1–2 fein geriebene Knoblauchzehen
½ TL fein geriebener Ingwer
mildes Chilisalz
Pfeffer aus der Mühle
1–2 EL Pinienkerne

Für die Putenbrust:
300 g Putenbrustfilet
½–1 TL Öl
2 EL mildes Olivenöl
1 TL Gyros-Gewürzmischung
mildes Chilisalz

Für den Dip:
500 g griech. Joghurt (10 % Fett)
1 Spritzer Zitronensaft
½ TL abgeriebene unbehandelte Zitronenschale
je 1 TL Dillspitzen und Petersilienblätter (frisch geschnitten)
mildes Chilisalz

Außerdem:
4 Pitabrote (Fertigprodukt)

Alfons Schuhbeck empfiehlt

Das gefüllte Pitabrot lässt sich genauso gut mit Hähnchenbrustfilet anstelle von Putenbrust zubereiten.

Tandoori-Spiesse mit gebratenem Reis und Mango-Salsa

Zutaten für 4 Personen

Für die Tandoori-Spieße:
2 TL Tandoori-Gewürzmischung
2 EL warme Gemüsebrühe
2 große Knoblauchzehen
1 Stück Ingwer (ca. 15 g)
100 g Naturjoghurt
1 TL Speisestärke
Salz · Zucker
800 g Hähnchenbrustfilet

Für die Mango-Salsa:
1 vollreife Mango
2 Tomaten
½ kleine weiße Zwiebel
1 TL Limettensaft
½ TL abgeriebene unbehandelte Limettenschale
1 EL mildes Olivenöl
mildes Chilisalz

Für den gebratenen Reis:
150 g Basmatireis
½ kleine weiße Zwiebel
1–2 EL braune Butter (siehe S. 56)
1 TL Biryani-Currypulver (ersatzweise mildes Currypulver)
5 Minzeblätter und 1–2 TL Koriandergrün (jeweils frisch geschnitten)

Außerdem:
8 Schaschlikspieße
etwas Koriandergrün zum Garnieren

1 Für die Tandoori-Spieße das Tandoori-Gewürz mit der Brühe glatt rühren. Knoblauch und Ingwer schälen und fein reiben. Den Joghurt mit Speisestärke, Knoblauch, Ingwer und der Gewürzbrühe verrühren und mit je 1 Prise Salz und Zucker würzen. Das Fleisch waschen, trocken tupfen und in etwa 2 ½ cm große Stücke schneiden. Mit der Marinade mischen und mindestens 2 Stunden durchziehen lassen.

2 Für die Mango-Salsa die Mango schälen, das Fruchtfleisch auf den flachen Seiten erst vom Stein und dann in ½ cm große Würfel schneiden. Die Tomaten waschen und vierteln, dabei die Stielansätze und Kerne entfernen. Die Tomatenviertel in Würfel schneiden. Die Zwiebel schälen und in feine Würfel schneiden. Mango, Tomaten und Zwiebel mischen. Limettensaft und -schale sowie Olivenöl verrühren, unter die Mangomischung heben und die Salsa mit Chilisalz würzen.

3 Den Backofen auf 230 °C vorheizen. Auf die mittlere Schiene ein Abtropfblech schieben und einen Backrahmen so daraufsetzen, dass die Spieße darauf liegen und das Fleisch dazwischen frei hängen kann. (Dadurch wird das Fleisch rundum gleichmäßig gegart. Wahlweise anstatt Backblech und Backrahmen eine große Auflaufform oder einen Bräter verwenden.)

4 Das marinierte Hähnchenfleisch nochmals in der Marinade wenden, dann die Hähnchenstücke mit der Marinade auf die Spieße stecken. Die Spieße mit etwas Abstand zueinander auf den Backrahmen legen und im Ofen 7 bis 10 Minuten garen.

5 Für den gebratenen Reis den Reis in einem Sieb gründlich mit kaltem Wasser abspülen und mit 300 ml Wasser in einem Topf kurz aufkochen. Dann mit geschlossenem Deckel bei milder Hitze etwa 15 Minuten bissfest garen. Fertigen Reis mit einer Gabel auflockern.

6 Die Zwiebel schälen und in feine Würfel schneiden. Eine Pfanne bei mittlerer Temperatur erhitzen, ½ bis 1 TL braune Butter mit einem Pinsel darin verstreichen und Zwiebel und Reis darin unter Rühren einige Minuten leicht anbraten. Dann Biryani-Currypulver, Kräuter und übrige braune Butter unterrühren.

7 Zum Servieren den gebratenen Reis auf vorgewärmte Teller verteilen, die Tandoori-Spieße danebensetzen und die Mango-Salsa dazu reichen. Mit Koriandergrün und nach Belieben mit unbehandelten Limettenscheiben garnieren.

Gebackene Hendlbrustscheiben mit Gurkendip

Zutaten für 4 Personen

Für den Gurkendip:
1 große Salatgurke (ca. 300 g)
100 g saure Sahne
100 g Crème fraîche
1 EL Milch
mildes Chilisalz
Pfeffer aus der Mühle
je 1 Msp. abgeriebene unbehandelte Zitronen- und Orangenschale

Für das Backhendl:
150 g Naturjoghurt
1 EL Brathähnchengewürz
Salz
4 Hähnchenbrustfilets (à ca. 150 g)
150 g Weißbrotbrösel
Öl zum Braten
Zitronensaft zum Beträufeln

1 Für den Gurkendip die Gurke schälen, längs halbieren und die Kerne mit einem Löffel entfernen. Die Gurkenhälften in kleine Würfel schneiden.

2 Die saure Sahne mit Crème fraîche und Milch in einen hohen Rührbecher geben. Ein Drittel der Gurkenwürfel sowie Chilisalz, Pfeffer, Zitronen- und Orangenschale hinzufügen und alles mit dem Stabmixer fein pürieren. Dann die restlichen Gurkenwürfel unterheben.

3 Für das Backhendl den Joghurt mit der Gewürzmischung glatt rühren und mit Salz abschmecken. Das Hähnchenfleisch waschen, trocken tupfen und in etwa 1 cm breite Scheiben schneiden. Mit dem Gewürzjoghurt mischen. Die Weißbrotbrösel in einen tiefen Teller geben und die marinierten Hähnchenscheiben darin wenden, dabei die Panade nicht zu fest andrücken.

4 Das Öl etwa fingerhoch in einer Pfanne erhitzen und die Hähnchenscheiben darin bei mittlerer Hitze auf beiden Seiten etwa 3 Minuten knusprig goldbraun braten. Herausnehmen und auf Küchenpapier abtropfen lassen.

5 Zum Servieren die Hendlbrustscheiben auf einer vorgewärmten Platte anrichten und mit Zitronensaft beträufeln. Gurkendip dazu reichen (Foto siehe S. 8/9).

Alfons Schuhbeck empfiehlt

Nach Belieben können Sie die Hähnchenbrustscheiben auch über Nacht im Gewürzjoghurt marinieren und vollständig durchziehen lassen.

Hendlkeulen mit Ananas-Salsa und Cajun-Dip

1 Für die Hendlkeulen den Backofen auf 200 °C vorheizen. Ein Backblech mit Backpapier belegen. Die Keulen waschen, trocken tupfen und mit Salz würzen. Auf das Blech legen, mit gesalzener Butter bestreichen und im Ofen auf der mittleren Schiene 20 Minuten braten. Dabei zwischendurch immer wieder mit der Salzbutter einstreichen.

2 Danach die Backofentemperatur auf 220 °C erhöhen und die Hendlkeulen weitere 20 Minuten goldbraun braten.

3 Inzwischen für die Ananas-Salsa die Papaya schälen, die Kerne entfernen und das Fruchtfleisch in ½ bis 1 cm große Würfel schneiden. Die Ananas schälen, den Strunk entfernen und die Ananas in ½ bis 1 cm große Würfel schneiden. Die Frühlingszwiebeln putzen, waschen und in feine Ringe schneiden. Papaya, Ananas und Frühlingszwiebeln in einer Schüssel mischen und mit Limettensaft und -schale, Rum und Ingwer marinieren. Die Ananas-Salsa mit Chilisalz, 1 Prise Zucker und etwas frisch geriebenem Zimt fein abschmecken.

4 Für den Dip das Cajun-Gewürz in einem hohen Rührbecher mit der warmen Brühe verrühren. Dann Olivenöl und Joghurt dazugeben und mit dem Stabmixer untermischen. Den Cajun-Dip mit Salz und 1 Prise Zucker würzen.

5 Für die Hendlkeulen das Öl mit dem Brathähnchengewürz verrühren, die Keulen damit bestreichen und nochmals kurz (1 bis 2 Minuten) im Ofen braten. Herausnehmen und mit etwas Salz würzen.

6 Zum Servieren die Hendlkeulen auf einer vorgewärmten Platte anrichten und Ananas-Salsa und Cajun-Dip dazu reichen.

Zutaten für 4 Personen

Für die Hendlkeulen:
16 fleischige, große Hähnchenunterschenkel (à 100–120 g)
Salz
etwas flüssige gesalzene Butter
2–3 EL Öl
1 geh. TL Brathähnchengewürz

Für die Ananas-Salsa:
½ reife Papaya (ca. 180 g)
¼ Ananas
3 Frühlingszwiebeln
1 Spritzer Limettensaft
abgeriebene Schale von ½ unbehandelten Limette
1 EL weißer Rum
½ TL fein geriebener Ingwer
mildes Chilisalz · Zucker
1 Zimtrinde (zum Reiben)

Für den Cajun-Dip:
2 TL Cajun-Gewürzmischung (ersatzweise mildes Currypulver)
2 EL warme Gemüsebrühe
1 EL mildes Olivenöl
200 g griech. Joghurt (10 % Fett)
Salz · Zucker

Alfons Schuhbeck empfiehlt

Falls Ihre Hendlkeulen etwas kleiner als angegeben ausfallen, können Sie die Garzeit im Backofen um 5 bis 10 Minuten reduzieren.

Mini-Schnitzel mit thailändischem Kartoffelsalat

Zutaten für 4 Personen

Für den Thai-Kartoffelsalat:
1 kg festkochende Kartoffeln
Salz
1 Bund Radieschen
½ Bund feine Frühlingszwiebeln
350 ml Hühnerbrühe
1 TL gelbe Thai-Currypaste
3 EL Weißweinessig
1 TL Dijon-Senf
½ TL fein geriebener Ingwer
1 TL abgeriebene unbehandelte Limettenschale
1 gestr. TL Zucker
30 g flüssige braune Butter (siehe S. 56)
1 EL Koriandergrün und -stiele (frisch geschnitten)

Für die Mini-Schnitzel:
2 Eier
1 EL geschlagene Sahne
80 g doppelgriffiges Mehl
200 g Weißbrotbrösel
12 kleine, dünne Kalbsschnitzel (à ca. 40 g; aus der Oberschale)
Salz · Pfeffer aus der Mühle
200 ml Öl zum Braten
mildes Chilisalz
Saft von ½ Zitrone

1 Für den Thai-Kartoffelsalat die Kartoffeln waschen und mit der Schale in reichlich Salzwasser weich garen. Abgießen, kurz ausdampfen lassen und möglichst heiß pellen. Dann in dünne Scheiben schneiden, in eine Schüssel geben und noch heiß weiterverarbeiten.

2 Die Radieschen putzen, waschen und in dünne Scheiben hobeln. Die Frühlingszwiebeln putzen, waschen und schräg in 2 ½ cm lange Stücke schneiden, dabei feste helle und weiche grüne Teile trennen. Die hellen Teile in der Brühe knapp unter dem Siedepunkt 2 bis 3 Minuten garen. Dann die grünen Frühlingszwiebelteile dazugeben und ebenfalls kurz miterhitzen. Alles in ein Sieb abgießen und abtropfen lassen, dabei die Brühe auffangen.

3 Die aufgefangene Brühe mit der Currypaste erhitzen und mit Essig, Senf, Ingwer und Limettenschale verrühren, dann mit Salz und Zucker würzen. 1 Handvoll Kartoffelscheiben dazugeben und mit dem Stabmixer unterrühren. Die Marinade nach und nach unter die übrigen Kartoffelscheiben mischen, bis die Flüssigkeit vollständig gebunden ist. Anschließend die braune Butter unter den Salat heben.

4 Für die Mini-Schnitzel die Eier mit der Sahne in einem tiefen Teller verquirlen. Das Mehl und die Weißbrotbrösel ebenfalls jeweils in einen tiefen Teller geben. Die Kalbsschnitzel mit Salz und Pfeffer würzen und zunächst im Mehl wenden, dabei überschüssiges Mehl abklopfen. Dann durch die Eier-Sahne-Mischung ziehen und zuletzt in den Weißbrotbröseln wenden, dabei die Brösel nicht zu fest andrücken.

5 Das Öl in einer Pfanne bei mittlerer Temperatur erhitzen und die Schnitzel darin auf beiden Seiten goldbraun braten. Aus der Pfanne nehmen und auf Küchenpapier abtropfen lassen. Mit Chilisalz leicht würzen und zum Servieren mit etwas Zitronensaft beträufeln.

6 Zum Servieren die Radieschen und Frühlingszwiebeln mit dem Koriander unter den Salat ziehen, den Thai-Kartoffelsalat noch etwa 10 Minuten ziehen lassen und nochmals abschmecken. Zu den Mini-Schnitzeln servieren. Nach Belieben unbehandelte Limettenscheiben dazu reichen.

Rostbratwürstel auf Thai-Currysauce

Zutaten für 4 Personen

Für das Gemüse:
100 g Zuckerschoten
je 2 gelbe und rote Mini-Paprikaschoten
4 Mini-Pak-Choi
80 ml Gemüsebrühe
1 Knoblauchzehe (in Scheiben)
2 Scheiben Ingwer
1 Stück Vanilleschote (ca. 3 cm)

Für die Thai-Currysauce:
1–2 Kaffir-Limettenblätter
2 Stängel Zitronengras
2 Knoblauchzehen
1–2 TL Speisestärke
200 ml Kokosmilch
200 ml Hühnerbrühe
2 geh. TL rote Thai-Currypaste
4 Scheiben Ingwer
1 EL Koriandergrün und -stiele (frisch geschnitten)
Salz

Außerdem:
150 g kleine Austernpilze
16 Nürnberger Rostbratwürstel
½ TL Öl

1 Für das Gemüse die Zuckerschoten putzen und waschen. Paprikaschoten längs halbieren, entkernen, waschen und achteln. Den Pak Choi putzen, waschen und je nach Größe halbieren oder vierteln.

2 Zuckerschoten, Paprika, Pak Choi und Brühe in eine tiefe Pfanne geben. Knoblauch, Ingwer und Vanilleschote hinzufügen, alles mit einem Blatt Backpapier bedecken und knapp unter dem Siedepunkt 6 bis 8 Minuten bissfest garen. Anschließend die ganzen Gewürze wieder entfernen.

3 Für die Thai-Currysauce die Limettenblätter mehrmals einreißen. Vom Zitronengras die welken Außenblätter und die obere, trockene Hälfte entfernen, die untere Hälfte längs halbieren. Den Knoblauch schälen und in Scheiben schneiden.

4 Die Speisestärke mit wenig kaltem Wasser glatt rühren. Kokosmilch und Brühe in einem Topf aufkochen, die angerührte Speisestärke dazugeben und köcheln lassen, bis diese sämig bindet. Dann 2 bis 3 Minuten köcheln lassen und die Currypaste hineinrühren. Limettenblätter, Zitronengras, Knoblauch und Ingwer hinzufügen und alles langsam bis knapp unter den Siedepunkt erhitzen. Dann einige Minuten ziehen, aber nicht kochen lassen. Die Sauce durch ein Sieb in einen Topf gießen, den Koriander untermischen und alles mit Salz abschmecken.

5 Die Austernpilze putzen und, falls nötig, trocken abreiben, Pilze etwas zerkleinern. Die Würstel halbieren. Eine Pfanne bei mittlerer Temperatur erhitzen, das Öl mit einem Pinsel darin verstreichen und die Würstel darin bei milder Hitze auf beiden Seiten goldbraun braten. Herausnehmen und beiseitestellen. Die Austernpilze in die Pfanne geben und 2 bis 3 Minuten anbraten. Die Würstel wieder dazugeben.

6 Zum Servieren das Gemüse auf vorgewärmte Teller verteilen und die Thai-Currysauce darum herumziehen. Dann die Würstel und die Austernpilze darauf anrichten.

Chili con Carne mit Kartoffeln

Zutaten für 4 Personen

1 große Zwiebel
½ TL Puderzucker
500 g Rinderhackfleisch
2 EL Tomatenmark
200 g Tomatenpüree (aus der Dose)
800 ml Hühnerbrühe
2 festkochende Kartoffeln
Salz
1 Lorbeerblatt
¼ Zucchino (80–100 g)
1 rote Paprikaschote
150 g Kidneybohnen (aus der Dose)
80 g Mais (aus der Dose)
1 EL Chili-con-Carne-Gewürzmischung (Fertigprodukt oder selbst gemischt; siehe Tipp)
1 Baguette

1 Die Zwiebel schälen und in feine Würfel schneiden. Die Zwiebelwürfel in einem Topf ohne Fett bei milder Temperatur erhitzen, den Puderzucker darüberstäuben und alles einige Minuten dünsten. Das Hackfleisch dazugeben und ebenfalls unter Rühren etwas andünsten. Dann Tomatenmark und -püree sowie ¾ l Brühe hinzufügen, alles mit einem Stück Backpapier bedecken und knapp unter dem Siedepunkt 1 ½ Stunden garen.

2 Inzwischen die Kartoffeln schälen, waschen, in 1 cm große Würfel schneiden und in Salzwasser mit dem Lorbeerblatt weich garen. Die Kartoffelwürfel abgießen und ausdampfen lassen, dabei das Lorbeerblatt entfernen. Den Zucchino putzen, waschen und in etwa 1 cm große Würfel schneiden. Die Paprikaschote längs halbieren, entkernen, waschen und in etwa ½ cm große Würfel schneiden. Bohnen und Mais in ein Sieb abgießen, kalt abbrausen und abtropfen lassen.

3 Kartoffeln, Zucchino, Paprika, Bohnen und Mais 5 bis 10 Minuten vor Ende der Garzeit unter das Chili rühren. Das Chili-con-Carne-Gewürz mit der übrigen Brühe verrühren und zuletzt unter das Chili mischen. Anschließend alles noch einige Minuten durchziehen lassen und mit Salz abschmecken.

4 Das Baguette in Scheiben schneiden und in einer Pfanne ohne Fett oder unter dem Backofengrill auf beiden Seiten kurz rösten. Das Chili con Carne in vorgewärmten tiefen Tellern oder Schüsseln anrichten. Die gerösteten Brotscheiben dazu reichen. Alternativ passen Tacos oder Fladenbrot dazu.

Alfons Schuhbeck empfiehlt

Das Chili-con-Carne-Gewürz lässt sich auch ganz einfach selbst herstellen: 1 Knoblauchzehe schälen und in Scheiben schneiden. 1 Scheibe Ingwer schälen und klein schneiden. 1 frische rote Chilischote längs halbieren, entkernen, waschen und ebenfalls klein schneiden. Knoblauch, Ingwer und Chili mit je ½ TL ganzem Kreuzkümmel, Korianderkörnern und Paprikapulver (edelsüß) sowie 1 TL abgeriebener unbehandelter Zitronenschale mischen. Die Mischung mit 1 EL mildem Olivenöl im Mörser zu einer Paste verarbeiten.

Alpen-Chili-Burger mit Steinpilzen und Kräuterpesto

Zutaten für 4 Personen

Für das Kräuterpesto:
1 EL Mandelblättchen
50 g Babyspinat · Salz
1 Handvoll gemischte Kräuterblätter (z. B. Basilikum, Dill, Minze, je nach Saison auch Wildkräuter wie Bärlauch)
½ geschälte Knoblauchzehe
1 Msp. fein geriebener Ingwer
1 EL geriebener Parmesan
4 EL kalte Gemüsebrühe
40 g braune Butter (siehe S. 56)
mildes Chilisalz

Für die Burger:
700 g Rinderhackfleisch
mildes Chilisalz
Pfeffer aus der Mühle
1 TL Öl · 1 TL Steakgewürz

Außerdem:
2 Wachteleier
4 kleine, feste Steinpilze (außerhalb der Saison beliebige andere Pilze)
1 geh. EL Zwiebelwürfel
mildes Chilisalz
8 Scheiben Frühstücksspeck
4 Blätter Mini-Romanasalat
2 kleine rote Rettiche · Salz
4 Burgerbrötchen (wahlweise beliebige andere Brötchen)
4 Scheiben Bergkäse
2 Essiggurken
4 frische kleine rote Chilischoten
einige Kräuterblätter zum Garnieren

1 Für das Kräuterpesto die Mandelblättchen in einer Pfanne ohne Fett goldbraun rösten. Herausnehmen und abkühlen lassen. Den Spinat verlesen, waschen und trocken schütteln. In kochendem Salzwasser 1 Minute blanchieren. In ein Sieb abgießen, kalt abschrecken und mit den Händen gut ausdrücken. Die Kräuter waschen und trocken schütteln. Spinat und Kräuter klein schneiden. Beides in einen hohen Rührbecher geben und mit restlichen Zutaten mit dem Stabmixer pürieren, Pesto mit Chilisalz würzen.

2 Für die Burger das Hackfleisch mit Chilisalz und Pfeffer würzen und verkneten. Aus der Masse mit angefeuchteten Händen 4 große, flache Burger formen. Eine Grillpfanne bei mittlerer Temperatur erhitzen, das Öl mit einem Pinsel darin verstreichen und die Burger darin auf beiden Seiten 4 bis 5 Minuten grillen. Mit Steakgewürz bestreuen.

3 Die Wachteleier in kochendem Wasser etwa 3 Minuten garen, kalt abschrecken, pellen und halbieren. Die Steinpilze putzen, trocken abreiben und in ½ cm große Würfel schneiden. Eine Pfanne ohne Fett bei mittlerer Temperatur erhitzen und die Zwiebelwürfel darin andünsten. Pilze dazugeben und etwa 2 Minuten dünsten. Mit Chilisalz würzen.

4 Den Speck bei mittlerer Hitze in einer Pfanne ohne Fett auf beiden Seiten goldbraun braten. Herausnehmen und auf Küchenpapier abtropfen lassen. 6 Speckscheiben in 1 bis 2 cm breite Stücke schneiden, 2 Scheiben halbieren. Salat waschen, trocken tupfen und in Streifen schneiden. Rettiche putzen, waschen und mit einem Radischneider in Spiralen schneiden. Leicht salzen und einige Minuten ziehen lassen.

5 Die Burgerbrötchen aufschneiden und in einer Pfanne ohne Fett jeweils auf der Schnittseite etwas anrösten. Den Romanasalat auf die unteren Burgerhälften verteilen, mit Kräuterpesto beträufeln und jeweils 1 Burger darauflegen. Jeweils mit 1 Scheibe Käse belegen und die Steinpilze und klein geschnittenen Speckscheiben darauf verteilen. Dann jeweils die Brötchendeckel darauflegen.

6 Die Essiggurken halbieren und jede Gurkenhälfte fächerartig einschneiden. Jeweils 1 Gurkenfächer aufspießen und in die Mitte eines Burgers stecken. Je ½ Wachtelei, 1 kleine rote Chilischote und ½ gebratene Speckscheibe neben den Gurkenfächer auf den Burger legen (oder separat zu den Burgern servieren). Seitlich mit Radispiralen und einigen Kräuterblättern garnieren.

Bulgur-Fleischbällchen in Tomatensauce

Zutaten für 4 Personen

Für die Bulgur-Fleischbällchen:
1 kleine Zwiebel
60 g Toastbrot · 80 ml Milch
1 Ei · 1 TL Dijon-Senf
je 1 Msp. abgeriebene unbehandelte Zitronen- und Orangenschale
1 fein geriebene Knoblauchzehe
½ TL fein geriebener Ingwer
1–2 TL Baharat (arab. Gewürzmischung)
mildes Chilisalz
200 g Lammhackfleisch (ersatzweise Schweine- oder Rinderhackfleisch)
200 g Kalbshackfleisch
3 EL Petersilienblätter (frisch geschnitten)
60 g feiner Bulgur
Salz · 1 EL Öl

Für die Tomatensauce:
400 g stückige Tomaten (aus der Dose)
120 ml Gemüsebrühe
1 Knoblauchzehe (in Scheiben)
3 EL mildes Olivenöl
1 Splitter Zimtrinde
1 Zweig Rosmarin
mildes Chilisalz
Pfeffer aus der Mühle · Zucker

1 Für die Bulgur-Fleischbällchen die Zwiebel schälen und in feine Würfel schneiden. Die Zwiebel in einer Pfanne mit 100 ml Wasser weich garen, bis die Flüssigkeit eingekocht ist. Das Toastbrot in kleine Würfel schneiden und mit der Milch übergießen. Das Ei mit Senf, Zitronen- und Orangenschale, Knoblauch, Ingwer und Baharat mit dem Stabmixer mischen und mit Chilisalz würzen.

2 Die beiden Hackfleischsorten mit der gedünsteten Zwiebel, dem eingeweichten Brot, dem gewürzten Ei und der Petersilie in einer Schüssel zu einer gleichmäßigen Hackmasse verkneten.

3 Den Bulgur in einem Sieb so lange gründlich mit kaltem Wasser abspülen, bis dieses klar bleibt. Dann in Salzwasser aufkochen und etwa 4 Minuten garen. In ein Sieb abgießen, kalt abschrecken und gut abtropfen lassen. Den Bulgur unter die Hackmasse mischen und diese im Kühlschrank 30 Minuten ziehen lassen, damit sie fester wird und besser zu verarbeiten ist.

4 Aus der Hackmasse mit angefeuchteten Händen kleine Bällchen formen. Eine große Pfanne bei mittlerer Temperatur erhitzen und die Hälfte des Öls mit einem Pinsel darin verstreichen. Die Hälfte der Fleischbällchen darin bei mittlerer Hitze rundum anbraten. Herausnehmen und auf Küchenpapier abtropfen lassen. Die restlichen Fleischbällchen wie beschrieben im übrigen Öl braten.

5 Inzwischen für die Sauce die Tomaten mit der Brühe in einen Topf geben und bei milder Hitze 10 Minuten köcheln. Den Knoblauch dazugeben und die Sauce mit dem Stabmixer fein pürieren, dabei das Olivenöl hinzufügen. Zimtrindensplitter und Rosmarin in der Sauce einige Minuten ziehen lassen, dann wieder entfernen. Die Tomatensauce mit Chilisalz, Pfeffer und 1 Prise Zucker würzen.

6 Die Tomatensauce in eine große Pfanne geben, die Fleischbällchen hinzufügen und bei milder Hitze knapp unter dem Siedepunkt 5 Minuten schmoren, bis sie gar sind. Zum Servieren die Fleischbällchen mit der Tomatensauce in vorgewärmten tiefen Tellern anrichten.

Buntes Wokgemüse mit Rindfleischstreifen

1 Die Karotte schälen und in dünne Scheiben schneiden oder hobeln. Die Zwiebel schälen und in 2 cm große Würfel schneiden. Den Sellerie putzen, waschen und schräg in ½ cm breite Stücke schneiden, dabei die Blätter abzupfen und zum Garnieren beiseitestellen. Die Paprikaschote längs halbieren, entkernen, waschen und in etwa 2 cm große Stücke schneiden. Die Mini-Maiskolben waschen und längs halbieren.

2 Die Zuckerschoten waschen und in 3 cm lange Stücke schneiden. Die Mini-Auberginen putzen, waschen und in Spalten schneiden. Die Bambushälften in ein Sieb abgießen, abtropfen lassen und in breite Streifen schneiden. Die Mungobohnensprossen in einem Sieb abbrausen und abtropfen lassen. Knoblauch und Ingwer schälen und in feine Streifen schneiden. Das Rindfleisch erst in ½ cm dicke Scheiben und dann in etwa 1 cm breite Streifen schneiden.

3 Das Öl im Wok oder in einer großen tiefen Pfanne erhitzen, die Rindfleischstreifen darin 2 Minuten anbraten und an den Seitenwänden des Woks hochschieben. Karotte, Zwiebel, Sellerie, Paprika, Zuckerschoten und Auberginen in die Mitte des Woks geben und bei mittlerer Hitze unter Rühren 2 Minuten andünsten. Den Mais hinzufügen und die Brühe angießen. Knoblauch, Ingwer, Sojasauce, Fischsauce und Reiswein unterrühren. Falls nötig, mit etwas Salz nachwürzen.

4 Die Speisestärke mit wenig kaltem Wasser glatt rühren. Das Gemüse an die Seite des Woks schieben, die angerührte Speisestärke in den Fond geben und köcheln lassen, bis dieser leicht sämig bindet. Gemüse und Rindfleischstreifen im Fond wenden, dann Bambusstreifen und Mungobohnensprossen dazugeben und mit erhitzen. Das Gemüse mit Chilisalz und Fünf-Gewürze-Pulver würzen.

5 Den Koriander waschen und trocken schütteln, die Blätter abzupfen. Einige Korianderblätter zum Garnieren beiseitestellen, den Rest mit den Stielen klein schneiden und unter das Wokgemüse rühren. Zuletzt die kalte Butter in kleinen Stücken untermischen und alles, falls nötig, nochmals abschmecken.

6 Zum Servieren das Wokgemüse mit dem Rindfleisch auf vorgewärmte Teller verteilen und mit den beiseitegestellten Sellerie- und Korianderblättern garnieren. Dazu passt Reis.

Zutaten für 4 Personen

1 Karotte
1 weiße Zwiebel
2 Stangen Staudensellerie (mit Grün)
1 rote Spitzpaprikaschote
60 g Mini-Maiskolben
60 g Zuckerschoten
2 runde Mini-Auberginen (à ca. 40 g)
60 g Bambushälften (aus der Dose)
1 Handvoll Mungobohnensprossen
2 Knoblauchzehen
3 Scheiben Ingwer
400 g Rinderrücken
1–2 TL Erdnussöl
200 ml Gemüsebrühe
2 EL helle Sojasauce
1 EL Fischsauce
2 EL chinesischer Reiswein
2 TL Speisestärke
mildes Chilisalz
¼–½ TL chinesisches Fünf-Gewürze-Pulver
6 Stiele Koriandergrün
1 EL kalte Butter

Mini-Hackbraten mit Chilisauce

Zutaten für 6 Personen

Für die Mini-Hackbraten:
80 g Toastbrot · 2 Eier
100 ml Milch
2 TL scharfer Senf · ½ Zwiebel
100 g Kalbsbrät · 1–2 EL Sahne
250 g Kalbshackfleisch
250 g Schweinehackfleisch
getrockneter Majoran
frisch geriebene Muskatnuss
1 fein geriebene Knoblauchzehe
½ TL fein geriebener Ingwer
abgeriebene Schale von
½ unbehandelten Zitrone
mildes Chilisalz
1 Zimtrinde (zum Reiben)
1 EL Petersilienblätter
(frisch geschnitten)
18 Wachteleier · 6 Debrecziner

Für die Chilisauce:
2 rote Paprikaschoten
1 kleine Zwiebel
300 ml Gemüsebrühe
1 fein geriebene Knoblauchzehe
½ TL fein geriebener Ingwer
1 TL Currypulver
2 Msp. Räucherpaprika
(Piment de la Vera picante)
¼ TL milde Chiliflocken
2 EL mildes Olivenöl
Salz · Zucker

Außerdem:
2 Handvoll gemischte Kräuter
einige Spritzer Limettensaft
1 TL mildes Olivenöl
mildes Chilisalz · Zucker

1 Für die Mini-Hackbraten das Toastbrot in Würfel schneiden. Die Eier in einen hohen Rührbecher geben und Milch und Senf hinzufügen. Alles mit dem Stabmixer fein pürieren und mit dem Toastbrot mischen. Die Zwiebel schälen und in feine Würfel schneiden. In einer Pfanne mit 100 ml Wasser weich garen, bis die Flüssigkeit eingekocht ist.

2 Kalbsbrät und Sahne glatt rühren und mit beiden Hackfleischsorten in eine Schüssel geben. Das eingeweichte Toastbrot und die gedünstete Zwiebel hinzufügen. Mit etwas Majoran, Muskatnuss, Knoblauch, Ingwer, Zitronenschale und Chilisalz würzen. Etwas Zimt frisch darüberreiben, die Petersilie hinzufügen und alles gut verkneten.

3 Die Wachteleier in kochendem Wasser etwa 3 Minuten garen, dann kalt abschrecken und pellen. Die Debrecziner halbieren.

4 Den Backofen auf 200 °C vorheizen. Ein Backblech mit Backpapier belegen. Die Hackmasse in 6 Portionen teilen, jede Portion mit angefeuchteten Händen zu einem Hackbraten formen und flach drücken. In die Mitte je 2 Debrecziner-Hälften und darauf nebeneinander 3 Wachteleier setzen. Wurst und Eier mit der Hackmasse vollständig umhüllen, jeweils kleine ovale Laibe formen und auf das Blech setzen. Die Oberfläche der Hackbraten leicht einkerben und die Hackbraten im Ofen auf der mittleren Schiene 25 bis 30 Minuten backen.

5 Inzwischen für die Chilisauce die Paprikaschoten längs halbieren, entkernen und waschen. Mit dem Sparschäler schälen und in kleine Würfel schneiden. Die Zwiebel schälen und in feine Würfel schneiden. Die Brühe in einem Topf erhitzen, Zwiebel und Paprika darin knapp unter dem Siedepunkt etwa 15 Minuten garen. Dann Knoblauch, Ingwer, Curry, Räucherpaprika und Chiliflocken hinzufügen und alles mit dem Stabmixer fein pürieren. Das Olivenöl mit dem Stabmixer unterrühren und die Chilisauce mit Salz und 1 Prise Zucker abschmecken.

6 Zum Servieren die Kräuterblätter waschen und trocken schütteln. Für die Marinade Limettensaft und Olivenöl verrühren und mit Chilisalz und Zucker würzen. Die kleinen Hackbraten aus dem Ofen nehmen, in Scheiben schneiden und mit der Chilisauce auf vorgewärmten Tellern anrichten. Die Marinade unter die Kräuter mischen und die Hackbraten mit dem Kräutersalat garnieren. Dazu passt Kartoffelpüree.

Filetspitzen mit Piña-Colada-Reis

Zutaten für 4 Personen

Für den Reis:
300 g Langkornreis
200 ml Hühnerbrühe
150 ml Kokosmilch
1/4 l Ananassaft
1 EL Mandelblättchen
2 Scheiben Ananas (frisch oder aus der Dose)
1 EL Pistazienkerne
mildes Chilisalz

Für das Gemüse:
250 g wilder Brokkoli (ersatzweise handelsüblicher Brokkoli)
1 Bund Mini-Urkarotten
evtl. Salz
20 g braune Butter (siehe Tipp)
1 Stück Vanilleschote (ca. 3 cm)
1 Splitter Zimtrinde
1 Knoblauchzehe (in Scheiben)
2 Scheiben Ingwer
mildes Chilisalz

Für die Filetspitzen:
500 g Kalbsfiletspitzen
1 TL Öl · 100 ml Hühnerbrühe
1 TL Steakgewürz
1 EL kalte Butter
mildes Chilisalz

1 Den Reis mit Brühe, Kokosmilch und Ananassaft in einem Topf erhitzen, mit einem Blatt Backpapier bedecken und knapp unter dem Siedepunkt 15 bis 20 Minuten gar ziehen lassen, bis die Reiskörner noch leicht bissfest sind. Inzwischen die Mandelblättchen in einer Pfanne ohne Fett bei mittlerer Hitze hell rösten, herausnehmen und abkühlen lassen. Die Ananasscheiben ggf. abtropfen lassen und in 1/2 bis 2 cm große Würfel schneiden. Pistazien, Mandeln und Ananas unter den gegarten Reis heben und mit Chilisalz würzen. Warm halten.

2 Für das Gemüse den Dampfgarer ggf. auf 80 °C vorheizen. Den Brokkoli putzen, waschen und abtropfen lassen. Die Karotten putzen, dabei die grünen Stielansätze auf etwa 1 cm kürzen, und schälen. Je nach Größe ggf. schräg halbieren.

3 Das Gemüse im Dampfgarer oder in einem Topf mit Dämpfeinsatz über Salzwasser 4 bis 5 Minuten bissfest dämpfen. Zum Servieren die braune Butter in einer Pfanne erwärmen. Vanilleschote, Zimtrindensplitter, Knoblauch und Ingwer dazugeben und mit Chilisalz würzen. Anschließend das Gemüse kurz in der Würzbutter wenden.

4 Für die Filetspitzen das Fleisch in 1/2 bis 1 cm dicke Scheiben schneiden. Eine Pfanne bei mittlerer Temperatur erhitzen, das Öl mit einem Pinsel darin verstreichen und die Filetspitzen darin portionsweise etwa 2 Minuten anbraten. Herausnehmen und warm stellen.

5 Den Bratsatz mit der Brühe ablöschen, das Steakgewürz hinzufügen und alles 1/2 Minute köcheln lassen. Dann die kalte Butter in Stücken unterrühren, die Filetspitzen mit der ausgetretenen Flüssigkeit wieder in die Pfanne geben und zuletzt mit Chilisalz würzen. Zum Servieren den Piña-Colada-Reis auf vorgewärmte Teller verteilen. Die Filetspitzen und das Gemüse daneben anrichten.

Alfons Schuhbeck empfiehlt

Für braune Butter 250 g Butter in einen Topf geben und nach Belieben mit einem Löffel etwas zerkleinern. Die Butter bei milder Hitze langsam zerlassen. Dann etwa 10 Minuten köcheln lassen, bis sie goldbraun ist. Ein Sieb mit einem Stück Küchenpapier auslegen. Die Butter schöpflöffelweise in das Sieb gießen und in einer Schüssel auffangen. Die braune Butter abkühlen lassen und in ein gut verschließbares Gefäß füllen. Im Kühlschrank hält sie etwa 8 Wochen.

Reisnudelsalat mit Schweinefleisch und Erdnüssen

Zutaten für 4 Personen

Für das Schweinefleisch:
500 g Schweineschnitzel
2 Schalotten
2 Knoblauchzehen
1 rote Peperonischote
2 TL Zucker · 2 EL Fischsauce
Saft von 1 Limette · Salz
1/4 TL chinesisches Fünf-Gewürze-Pulver
1 TL Öl

Für den Reisnudelsalat:
6 EL ungesalzene Erdnusskerne
2 Handvoll Kopfsalatblätter
1/2 Salatgurke · 1 Karotte
6 Radieschen
3 Frühlingszwiebeln
400 g feine Reisnudeln (Reis-Vermicelli) · Salz
1 Knoblauchzehe
3 EL Limettensaft
2 EL Fischsauce · 20 g Zucker
1 TL mittelscharfe rote Chilischote (entkernt und in feine Würfel geschnitten)
je 1–2 EL Koriandergrün und Minzeblätter (frisch geschnitten)
1 EL mildes Salatöl

1 Für das Schweinefleisch die Schnitzel in 3 bis 4 cm große Stücke schneiden. Schalotten und Knoblauch schälen, die Schalotten in feine Würfel schneiden, die Knoblauchzehen fein hacken. Peperoni längs halbieren, entkernen, waschen und in feine Würfel schneiden. Schalotten, Knoblauch, Peperoni, Zucker, Fischsauce und Limettensaft zu einer Marinade verrühren, mit Salz und Fünf-Gewürze-Pulver würzen.

2 Das Fleisch in einer Schüssel mit der Marinade mischen und etwa 15 Minuten einlegen. Dann eine Pfanne bei mittlerer Temperatur erhitzen, das Öl mit einem Pinsel darin verstreichen und das Fleisch darin etwa 2 Minuten anbraten. Herausnehmen und warm halten.

3 Für den Reisnudelsalat die Erdnüsse in einer Pfanne ohne Fett bei mittlerer Hitze hell rösten. Herausnehmen, abkühlen lassen und grob hacken. Die Salatblätter waschen und trocken schleudern, dann in Streifen schneiden. Die Gurke waschen, längs halbieren und in Scheiben hobeln. Karotte putzen, schälen und in feine Streifen schneiden. Radieschen putzen, waschen und in Scheiben hobeln oder schneiden. Die Frühlingszwiebeln putzen, waschen und in feine Ringe schneiden.

4 Die Reisnudeln in lauwarmem Wasser 10 Minuten einweichen, in ein Sieb abgießen und abtropfen lassen. Anschließend in Salzwasser 2 bis 3 Minuten kochen. Die Reisnudeln in ein Sieb abgießen, kalt abschrecken und abtropfen lassen.

5 Inzwischen für die Marinade den Knoblauch schälen und in feine Würfel schneiden. Limettensaft, Fischsauce und Zucker mit 4 EL Wasser verrühren und Knoblauch, Chili sowie Kräuter hinzufügen. Das Öl unterschlagen, die Marinade unter die vorbereiteten Salatzutaten heben und den Reisnudelsalat gut mischen.

6 Zum Servieren den Reisnudelsalat in Schalen verteilen und das gebratene Schweinefleisch darauf anrichten.

Marinierter Schweinerücken auf Tomaten-Kapern-Salsa

1 Für den Schweinerücken Knoblauch-, Ingwer- und Paprikapulver, Kümmel und Koriander mischen, mit 4 EL Öl zu einer Marinade verrühren und mit Salz würzen. Den Schweinerücken in 4 bis 5 mm dicke Scheiben schneiden und diese jeweils auf beiden Seiten mit der Marinade bestreichen.

2 Das restliche Öl in einer Pfanne erhitzen und die marinierten Fleischscheiben darin bei mittlerer Hitze auf beiden Seiten 2 bis 3 Minuten braten. Nach Belieben noch mit etwas Salz würzen.

3 Für die Tomaten-Kapern-Salsa die Tomaten kreuzweise einritzen, überbrühen und kalt abschrecken. Dann häuten und vierteln, dabei die Stielansätze und Kerne entfernen. Die Tomatenviertel in kleine Würfel schneiden und mit den Kapern mischen. Den Zitronensaft und das Olivenöl dazugeben und die Salsa mit Salz und 1 Prise Chiliflocken abschmecken, etwas Zimt frisch darüberreiben. Die Basilikumblätter waschen und trocken schütteln, in feine Streifen schneiden und zuletzt unter die Salsa heben.

4 Zum Servieren jeweils etwas Salsa auf den Fleischscheiben verteilen, diese zusammenklappen und mit Holzspießen feststecken. Die restliche Tomaten-Kapern-Salsa auf einer Platte verteilen und das Fleisch darauf anrichten.

Zutaten für 4 Personen

Für den Schweinerücken:
1 EL Knoblauchpulver
1 EL Ingwerpulver
1 gch. TL Paprikapulver (edelsüß)
1 TL gemahlener Kümmel
½ TL gemahlener Koriander
6 EL Öl · Salz
400 g Schweinerücken

Für die Tomaten-Kapern-Salsa:
4 Tomaten · 2 EL Kapern
1 EL Zitronensaft
1–2 EL mildes Olivenöl
Salz · milde Chiliflocken
1 Zimtrinde (zum Reiben)
1 Handvoll Basilikumblätter

Außerdem:
kleine Holzspieße

Alfons Schuhbeck empfiehlt

Sie sollten die marinierten Schweinerückenscheiben unbedingt bei milder Hitze braten, sonst besteht die Gefahr, dass die Gewürze in der Marinade verbrennen.

Schweinefilet auf Erdnusssauce mit Spinat-Mango-Salat

Zutaten für 4 Personen

Für das Schweinefilet auf Erdnusssauce:
2 Schweinefilets (Mittelstücke; à ca. 300 g) · ½ TL Öl
100 ml Hühnerbrühe
100 ml Kokosmilch
60 g Erdnussmus (aus gerösteten Erdnüssen; siehe Tipp)
mildes Chilisalz
20 g braune Butter (siehe S. 56)

Für den Spinat-Mango-Salat:
2 EL ungesalzene Erdnusskerne
1 gestr. EL Sesamsamen
400 g Babyspinat
½ große reife Mango
½ Knoblauchzehe
1 Scheibe Ingwer
1–2 EL Granatapfelkerne
Saft von ½ Limette
½–1 TL abgeriebene unbehandelte Limettenschale
2 EL mildes Olivenöl
1 Zimtrinde (zum Reiben)
mildes Chilisalz · Zucker

1 Für das Schweinefilet den Backofen auf 100 °C vorheizen. Auf die mittlere Schiene ein Ofengitter und darunter ein Abtropfblech schieben. Die Fleischstücke jeweils in 8 Scheiben schneiden und mit dem Handballen etwas flach drücken. Eine Pfanne bei mittlerer Temperatur erhitzen, das Öl mit einem Pinsel darin verstreichen und die Medaillons darin auf beiden Seiten etwa 2 ½ Minuten anbraten. Auf das Ofengitter setzen und im Ofen etwa 40 Minuten rosa durchziehen lassen.

2 Inzwischen für den Spinat-Mango-Salat die Erdnüsse grob hacken. Sesam und Erdnüsse in einer Pfanne ohne Fett bei mittlerer Hitze hellbraun rösten. Herausnehmen und abkühlen lassen.

3 Den Spinat verlesen, waschen und trocken schleudern. Die Mango schälen, das Fruchtfleisch auf den flachen Seiten erst vom Stein und dann in 1 cm große Würfel oder Scheiben schneiden. Eine große Salatschüssel mit Knoblauch und Ingwer ausreiben, dann Spinat, Mangowürfel oder -scheiben und Granatapfelkerne hineingeben. Limettensaft und -schale sowie Olivenöl zu einer Marinade verrühren, unter die Zutaten mischen und etwas Zimt darüberreiben. Den Spinat-Mango-Salat mit Chilisalz und 1 Prise Zucker würzen.

4 Zum Servieren Brühe, Kokosmilch und Erdnussmus in einem Topf verrühren, vorsichtig erhitzen und mit Chilisalz würzen. Die braune Butter in einer Pfanne erwärmen, mit Chilisalz würzen und die Medaillons darin nochmals wenden. Die Erdnusssauce auf vorgewärmte Teller verteilen, die Medaillons darauflegen und den Spinat-Mango-Salat daneben anrichten. Mit Sesam und Erdnüssen bestreuen.

Alfons Schuhbeck empfiehlt

Erdnussmus verfügt je nach Hersteller über eine unterschiedlich starke Bindekraft. Falls die Erdnusssauce am Ende noch zu flüssig ist, können Sie einfach noch etwas Erdnussmus dazugeben. Falls sie zu cremig sein sollte, die Sauce mit etwas Brühe oder Kokosmilch wieder verdünnen.

handmade

Bruschetta mit Artischocken, Lammrücken und Basilikumpesto

Zutaten für 4 Personen

Für das Basilikumpesto:
100 g Blattspinat · Salz
1 Bund Basilikum
1 Knoblauchzehe
1 EL geriebener Parmesan
1 EL geröstete Mandelblättchen
4–5 EL mildes Olivenöl
40–50 g warme braune Butter (siehe S. 56)
Pfeffer aus der Mühle
einige Tropfen Zitronensaft

Für den Gemüsebelag:
4 gestr. EL Fregola (ital. Röstnudeln; ersatzweise Reis)
Salz
200 g Artischockenböden (tiefgekühlt und aufgetaut)
80 ml Gemüsebrühe
6 Strauchtomaten
2 Schalotten
2 EL schwarze Oliven (ohne Stein)
1–2 EL Zitronensaft
1–2 EL mildes Olivenöl
1 fein geriebene Knoblauchzehe
1 Msp. fein geriebener Ingwer
mildes Chilisalz

Für den Lammrücken:
1 TL Öl · 300 g Lammlachs
2 EL mildes Olivenöl
1 TL Lammgewürz
mildes Chilisalz

Außerdem:
4 große Scheiben Bruschetta-Brot

1 Für das Basilikumpesto die Spinatblätter verlesen und waschen, dabei grobe Stiele entfernen. Den Spinat in kochendem Salzwasser blanchieren. In ein Sieb abgießen, kalt abschrecken und mit den Händen gut ausdrücken, anschließend klein schneiden.

2 Das Basilikum waschen, trocken schütteln und die Blätter von den Stielen zupfen. Den Knoblauch schälen und in Scheiben schneiden. Spinat, Basilikum, Knoblauch, Parmesan und Mandeln mit Olivenöl und brauner Butter im Mixer nicht zu fein pürieren. Das Pesto mit Salz, Pfeffer und Zitronensaft würzen.

3 Für den Gemüsebelag die Fregola in 1/4 l Salzwasser etwa 15 Minuten kochen. In ein Sieb abgießen, abtropfen lassen und sofort weiterverarbeiten (oder mit einigen Tropfen Öl mischen).

4 Die Artischockenböden in etwa 1/2 cm große Würfel schneiden und mit der Brühe in einen kleinen Topf geben. Mit einem Blatt Backpapier bedecken und knapp unter dem Siedepunkt etwa 8 Minuten gerade weich dünsten. In ein Sieb abgießen und abtropfen lassen.

5 Die Tomaten waschen und vierteln, dabei Stielansätze und Kerne entfernen. Tomatenviertel in Würfel schneiden. Schalotten schälen und mit den Oliven in feine Würfel schneiden. Artischocken und Tomaten mit Schalotten, Oliven und Fregola mischen. Mit Zitronensaft, Olivenöl, Knoblauch und Ingwer mischen und mit Chilisalz würzen.

6 Für den Lammrücken den Backofen auf 100 °C vorheizen. Auf die mittlere Schiene ein Ofengitter und darunter ein Abtropfblech schieben. Eine Pfanne bei mittlerer Temperatur erhitzen, das Öl mit einem Pinsel darin verstreichen und das Lammfleisch darin rundum kurz anbraten. Das Fleisch auf das Ofengitter setzen und im Ofen 35 bis 40 Minuten rosa durchziehen lassen. Anschließend das Olivenöl mit dem Lammgewürz in einer Pfanne leicht erwärmen, den Lammrücken darin wenden und rundum mit Chilisalz würzen.

7 Zum Servieren den Backofengrill einschalten. Die Bruschetta-Scheiben unter dem Backofengrill auf beiden Seiten rösten und auf Servierbretter oder -platten legen. Den Gemüsebelag darauf verteilen und das Pesto darüberträufeln. Den Lammrücken in Scheiben schneiden und auf das Gemüse setzen. Die Bruschetta nach Belieben in kleine Stücke schneiden.

Lammkoteletts mit Paprikaremoulade

Zutaten für 4 Personen

Für die Lammkoteletts:
2 Lammkarrees (ohne Fett, mit Rippenknochen, halber Rücken)
1 TL Öl · 4 EL mildes Olivenöl
2 Knoblauchzehen (in Scheiben)
3 Scheiben Ingwer
2 Streifen unbehandelte Zitronenschale
1 Zweig Rosmarin
mildes Chilisalz
Pfeffer aus der Mühle

Für die Paprikaremoulade:
1 rote Paprikaschote
5 EL Gemüsebrühe
je ½ TL fein gehackter Knoblauch und Ingwer
2 Eier · 1 kleine Essiggurke
1 EL Kapern · 150 g Schmand
1 TL Paprikapulver (edelsüß)
1–2 TL Räucherpaprika (Piment de la Vera picante)
1–2 TL scharfer Senf
1 EL Schnittlauchröllchen
1–2 TL Zitronensaft
1 Msp. abgeriebene unbehandelte Zitronenschale · Zucker
Salz · mildes Chilipulver

1 Für die Lammkoteletts den Backofen auf 120 °C vorheizen. Auf die mittlere Schiene ein Ofengitter und darunter ein Abtropfblech schieben. Die Rippen vom Lammkarree mit einem kleinen Messer sorgfältig putzen, dann waschen und trocken tupfen.

2 Eine große Pfanne bei mittlerer Temperatur erhitzen, das Öl mit einem Pinsel darin verstreichen und die Lammkarrees darin rundum kurz anbraten. Danach auf das Ofengitter setzen und im Ofen 20 bis 25 Minuten rosa garen.

3 Währenddessen das Olivenöl mit Knoblauch, Ingwer, Zitronenschale und Rosmarin in einer großen Pfanne leicht erwärmen. Die gegarten Lammkarrees darin wenden, mit Chilisalz und Pfeffer würzen.

4 Für die Paprikaremoulade die Paprikaschote vierteln, entkernen und waschen. Die Viertel mit dem Sparschäler schälen und in kleine Würfel schneiden. Die Paprikawürfel mit der Brühe in eine tiefe Pfanne geben, Knoblauch und Ingwer hinzufügen und alles einige Minuten weich dünsten. Vom Herd nehmen und abkühlen lassen.

5 Inzwischen die Eier in kochendem Wasser etwa 10 Minuten hart kochen. Dann kalt abschrecken, pellen und fein hacken. Die Essiggurke in kleine Würfel schneiden. Die Kapern grob hacken.

6 Den Schmand mit den gedünsteten Paprikawürfeln, Paprikapulver, Räucherpaprika und Senf mischen. Schnittlauch, gehackte Eier, Essiggurke und Kapern dazugeben. Die Remoulade mit Zitronensaft und -schale, 1 Prise Zucker, Salz und Chilipulver würzen.

7 Zum Servieren die Lammkarrees in einzelne Koteletts schneiden. Die Lammkoteletts auf vorgewärmte Teller setzen und die Paprikaremoulade dazu reichen.

süß

von Angelika Schwalber

Topfennockerl mit Basilikum und Mango-Maracuja-Kompott

Zutaten für 4 Personen

Für das Kompott:
1 reife Mango (ca. 450 g Fruchtfleisch)
2 EL brauner Zucker
1 Maracuja
½ Vanilleschote
Saft von je ½ Zitrone und Orange
je etwas abgeriebene unbehandelte Zitronen- und Orangenschale

Für den Hefeteig:
300 g Mehl
2 EL Zucker
Meersalz
1 Msp. abgeriebene unbehandelte Zitronenschale
1 Msp. Vanillemark
20 g frische Hefe
70 ml lauwarme Milch
2 Eier
2 EL Speisequark (Topfen; 20 % Fett)
30 g weiche Butter
6 g Basilikumblätter (frisch geschnitten; wahlweise Schnittlauch)

Außerdem:
Butterschmalz zum Frittieren
einige Basilikumblätter

1 Für das Kompott die Mango schälen, das Fruchtfleisch auf den flachen Seiten vom Stein schneiden und in etwa 2 cm große Würfel schneiden. Die Maracuja halbieren und das Mark mit einem Löffel herauslösen.

2 Den Zucker in einem Topf schmelzen, mit den Zitrussäften ablöschen und kurz aufkochen lassen. Mangowürfel, Maracujamark, Vanilleschote, Zitronen- und Orangenschale dazugeben, einmal kurz aufkochen und bei milder Hitze etwas ziehen lassen. Dann abkühlen lassen.

3 Für den Hefeteig alle Zutaten außer Butter und Basilikum in eine Schüssel geben und etwas verkneten. Die Butter und das Basilikum dazugeben und alles mit den Knethaken des Handrührgeräts zu einem glatten Teig verkneten. Den Teig mit Frischhaltefolie zugedeckt an einem warmen Ort 20 bis 30 Minuten gehen lassen.

4 Das Butterschmalz in der Fritteuse oder in einem hohen Topf auf 170 °C erhitzen. Es ist heiß genug, wenn sich an einem hineingehaltenen Holzlöffelstiel Blasen bilden. Aus dem Teig mit einem Esslöffel Nockerl abstechen und portionsweise im Fett goldgelb backen. Mit dem Schaumlöffel herausheben und auf Küchenpapier abtropfen lassen.

5 Die Basilikumblätter im Frittierfett kurz knusprig frittieren, herausheben und abtropfen lassen. Die Topfennockerl mit dem Mango-Maracuja-Kompott auf vorgewärmten Tellern anrichten und mit den frittierten Basilikumblättern garnieren.

Angelika Schwalber empfiehlt

Lecker schmecken die Nockerl auch, wenn sie nach dem Abtropfen in Vanillezucker oder Zimtzucker gewälzt werden. Dafür einfach entweder 100 g Vanillezucker verwenden oder 100 g Zucker mit 1 TL Zimtpulver mischen.

Bananen-Trifle mit Eierlikör

Zutaten für 6 Personen

Für den Schokosplitterboden:
25 g Mehl
1 Msp. Backpulver
25 g Zartbitter-Schokoraspel
2 Eier
35 g weiche Butter
1 Msp. Vanillemark
2 EL Zucker
Salz

Außerdem:
Butter und Mehl für die Form
200 g Sahne
1 Päckchen Vanillezucker
2–3 Bananen
12 EL Eierlikör
12 EL Schokoladensauce (Fertigprodukt)

1 Für den Schokosplitterboden den Backofen auf 180 °C vorheizen. Eine Springform (20 cm Durchmesser) mit Butter einfetten und mit Mehl ausstäuben. Mehl und Backpulver sieben und mit den Schokoraspeln mischen. Die Eier trennen. Die Butter schaumig rühren und die Eigelbe nacheinander unterrühren. Dann das Vanillemark dazugeben.

2 Die Eiweiße mit dem Zucker und 1 Prise Salz zu einem cremigen Eischnee schlagen und unter die Buttermasse heben. Die Mehlmischung darüberstreuen und ebenfalls untermischen. Den Teig in die Form füllen und im Ofen auf der mittleren Schiene 15 bis 20 Minuten backen. Aus dem Ofen nehmen und abkühlen lassen.

3 Den abgekühlten Boden zerbröseln und davon 3 EL beiseitestellen. Die Hälfte der restlichen Kuchenbrösel in sechs Dessertgläser verteilen.

4 Die Sahne mit dem Vanillezucker steif schlagen und je 1 EL in die Gläser verteilen. Die Bananen schälen, in ½ cm dicke Scheiben schneiden und je 5 Scheiben auf die Sahne in den Gläsern legen. Je 1 EL Eierlikör und Schokoladensauce darauf verteilen. Das Ganze nochmals wiederholen.

5 Zum Garnieren nochmals je 1 TL Sahne daraufsetzen und mit den beiseitegestellten Bröseln und den übrigen Bananenscheiben garnieren. Das Bananen-Trifle im Kühlschrank etwa 1 Stunde durchziehen lassen.

Angelika Schwalber empfiehlt

Damit die Bananen nicht so schnell braun werden, mit etwas Zitronensaft beträufeln, bevor sie in die Gläser gegeben werden.

Birnen-Clafoutis

1 Für die Birnenwürfel den Birnensaft mit Zucker, Zitronensaft und -schale sowie Zimtstange und -blüten in einen Topf geben und kurz aufkochen. Die Birnenwürfel dazugeben und kurz köcheln lassen. Dann vom Herd ziehen und die Birnenwürfel im Sud abkühlen lassen. Anschließend die Birnenwürfel in ein Sieb abgießen, dabei den Sud auffangen, und gut abtropfen lassen.

2 Den Backofen auf 180 °C vorheizen. Für den Milchguss die Zutaten mit 40 ml Birnensud in einen hohen Rührbecher geben und alles mit dem Stabmixer fein pürieren.

3 Die Birnenwürfel in sechs ofenfeste Förmchen verteilen (à etwa 11 cm Durchmesser) und den Guss darübergießen. Die Clafoutis im Ofen auf der mittleren Schiene etwa 20 Minuten backen. Aus dem Ofen nehmen und leicht mit Puderzucker bestäuben. Am besten noch lauwarm mit je 1 Kugel Vanilleeis servieren.

Zutaten für 6 Personen

Für die Birnenwürfel:
150 ml Birnensaft
1 EL Zucker
½ Vanilleschote
2–3 EL Zitronensaft
etwas abgeriebene unbehandelte Zitronenschale
½ Zimtstange
6 Zimtblüten
500 g Birnenfruchtfleisch (in Würfeln)

Für den Milchguss:
70 g Mehl
2 Eier
60 g Zucker
150 ml Milch
40 g Sahne
30 g flüssige Butter
1 Msp. Vanillemark
etwas abgeriebene unbehandelte Zitronenschale

Außerdem:
Puderzucker zum Bestäuben

Angelika Schwalber empfiehlt

Das Dessert kann auch mit anderem Obst, zum Beispiel mit Beeren, Äpfeln oder exotischen Früchten, zubereitet werden.

Waffelhörnchen mit Lebkucheneis

Zutaten für ca. 15 Stück

Für das Lebkucheneis:
3 Eigelb
80 g Zucker
330 g Sahne
330 ml Milch
1 EL gehackter Rosmarin
1 Stück Vanilleschote (ca. 3 cm)
2 TL Lebkuchengewürz

Für die Preiselbeersauce:
1 EL Speisestärke
100 ml Cranberrysaft
2 EL brauner Zucker
½ Zimtstange
1 Vanilleschote
je 1 Stück unbehandelte Orangen- und Zitronenschale (à 2–3 cm)
1 Sternanis
250 g Preiselbeeren
3 EL roter Portwein

Für den Waffelteig:
50 g flüssige Butter
50 g Puderzucker
1 Msp. abgeriebene unbehandelte Zitronenschale
Salz
1 Msp. gemahlener Kardamom
1 Msp. Vanillemark
50 g Eiweiß
50 g Eigelb
50 g Mehl
1–2 EL Kakaopulver
Fett für das Waffeleisen

1 Für das Lebkucheneis die Eigelbe mit dem Zucker schaumig rühren. Sahne und Milch mit Rosmarin und Vanilleschote in einem Topf erhitzen und etwas einköcheln lassen. Die Milch-Sahne-Mischung durch ein Sieb gießen und unter die Eigelbmasse rühren. Die Masse „zur Rose abziehen“, d. h. die Masse im warmen Wasserbad unter ständigem Rühren auf etwa 80 °C erhitzen, bis sie leicht andickt. Das Lebkuchengewürz unterrühren und die Masse 4 Stunden kühl stellen. Dann in der Eismaschine tiefkühlen.

2 Für die Preiselbeersauce die Speisestärke mit etwas Saft glatt rühren. Den restlichen Saft mit dem Zucker aufkochen und mit der angerührten Speisestärke binden. Die Gewürze in ein Säckchen füllen und zubinden. Preiselbeeren und Gewürze in die Sauce geben, Portwein unterrühren und den Topf vom Herd nehmen. Alles 1 Stunde durchziehen lassen, dann die Gewürze wieder entfernen.

3 Die Waffelhörnchen im Waffeleisen oder im Backofen zubereiten. Für die Zubereitung im Waffeleisen die Butter mit Puderzucker, Zitronenschale, 1 Prise Salz, Kardamom und Vanillemark verrühren. Eiweiß und Eigelb nach und nach unterrühren. Mehl mit Kakaopulver sieben und unterrühren. Den Teig portionsweise in das vorgeheizte und leicht gefettete Hörnchen-Waffeleisen geben und die Waffeln bis zur gewünschten Bräune backen. Herausnehmen und noch heiß zu Hörnchen drehen.

4 Für die Zubereitung im Backofen den Ofen auf 170 °C vorheizen. Alle Teigzutaten außer dem Kakao zu einer glatten Masse verrühren. Ein Drittel vom Teig abnehmen, den Kakao untermischen und die Masse in eine Garniertüte (etwa 20 cm Länge) füllen. Aus Pappe oder Kunststoff eine runde Schablone (etwa 15 cm Durchmesser) ausschneiden. Auf einer Backmatte die Waffelmasse mit der Schablone dünn aufstreichen und mit der dunklen Masse Muster daraufspritzen. Die Waffeln im Ofen 10 bis 12 Minuten backen. Herausnehmen und sofort formen.

5 Das Lebkucheneis portionieren und in die Waffeln setzen. Mit etwas Preiselbeersauce garnieren und sofort servieren. Die restliche Sauce dazu reichen.

Kaffeeterrine „Jamaika Blue Mountain" mit Preiselbeeren

Zutaten für 7 Stück

Für das Preiselbeer-Fruchtleder:
100 g Preiselbeeren
100 g Himbeeren
100 g reifes Bananenfruchtfleisch
20 g weißes Mandelmus
60 g Rohrzucker

Für den Walnussboden:
60 g weiche Butter
30 g flüssige Zartbitterkuvertüre (67 % Kakaoanteil)
1 Ei
50 g Puderzucker
Salz
1 Msp. Vanillemark
40 g Mehl
30 g gemahlene Walnüsse

Für den Preiselbeerschaum:
120 g tiefgekühlte Preiselbeeren (aufgetaut)
1 ½ Blatt Gelatine
1 Eigelb
1 EL Zucker
Salz · 1 EL Zitronensaft
70 g Sahne

Für die Kaffeemousse:
50 ml Milch
1 Stück Vanilleschote (ca. 3 cm)
15 g Kaffeebohnen
3 Eigelb · 1 EL Zucker
1 ½ Blatt Gelatine
80 g flüssige weiße Kuvertüre
160 g Sahne

Außerdem:
Öl für die Form
ca. 100 g heiße Aprikosenkonfitüre

1 Am Vortag für das Preiselbeer-Fruchtleder den Backofen auf 50 °C vorheizen. Ein Backblech mit Backpapier oder mit einer Backmatte belegen. Preiselbeeren und Himbeeren in einem hohen Rührbecher mit dem Stabmixer pürieren und durch ein Sieb passieren. Banane schälen und mit einer Gabel zerdrücken. Zusammen mit den restlichen Zutaten dazugeben und alles nochmals fein pürieren. Die Masse auf dem Blech zu einem Rechteck (15 x 30 cm) dünn ausstreichen und im Ofen 5 bis 6 Stunden trocknen lassen. Herausnehmen und abkühlen lassen.

2 Für den Walnussboden die Ofentemperatur auf 180 °C erhöhen. Ein Backblech mit Backpapier belegen. Die Butter schaumig rühren und die flüssige Kuvertüre untermischen. Ei mit Puderzucker, 1 Prise Salz und Vanillemark schaumig rühren und mit der Buttermasse verrühren. Das Mehl sieben, mit Walnüssen mischen und unter die Buttermasse heben. Den Teig auf dem Blech zu einem Rechteck (8 x 29 cm) ausstreichen und im Ofen 8 bis 10 Minuten backen. Herausnehmen und abkühlen lassen.

3 Für den Preiselbeerschaum die Beeren erhitzen und mit dem Stabmixer fein pürieren. Das Püree durch ein Sieb passieren. Die Gelatine in kaltem Wasser einweichen. Eigelb, Zucker und 1 Prise Salz im warmen Wasserbad aufschlagen, vom Herd nehmen und mit den Quirlen des Handrührgeräts wieder kalt schlagen. Preiselbeerpüree und Zitronensaft unterrühren. Die Gelatine ausdrücken, dazugeben, unter Rühren auflösen und die Masse kühl stellen. Inzwischen die Sahne steif schlagen und unterheben, sobald die Preiselbeermasse anfängt zu gelieren.

4 Für die Kaffeemousse Milch mit Vanilleschote aufkochen, Kaffeebohnen dazugeben und 1 Stunde ziehen lassen. Eigelbe mit dem Zucker schaumig rühren. Gelatine in kaltem Wasser einweichen. Kaffeemilch durch ein Sieb in einen Topf gießen, erhitzen und zur Eigelbmasse geben. Kuvertüre unterrühren. Gelatine ausdrücken, unter Rühren auflösen, zur Eigelbmasse geben und kühl stellen. Inzwischen die Sahne steif schlagen und unterheben, sobald die Masse anfängt zu gelieren.

5 Zum Zusammensetzen den abgekühlten Walnussboden in 2 Rechtecke (einmal 3,5 x 29 cm, einmal 4,5 x 29 cm Größe) schneiden. Eine Terrinenform (30,5 x 6 cm) einfetten und mit Frischhaltefolie auslegen. Zuerst mit dem Fruchtleder auslegen. Dann den Preiselbeerschaum einfüllen und den schmalen Walnussboden darauflegen. Mousse einfüllen, den zweiten Boden darauflegen und die Terrine über Nacht kühl stellen.

6 Am nächsten Tag die Terrine auf eine Platte stürzen, mit Konfitüre bestreichen und in 7 etwa 4 cm breite Stücke schneiden.

Rotes Beeren-Tiramisu

Zutaten für ca. 8 Personen

Für die Quarksahne:
2 Blatt Gelatine
3 Eigelb
100 g Puderzucker
Salz
1 Msp. Vanillemark
etwas abgeriebene unbehandelte Zitronenschale
300 g Speisequark (Topfen; 20 % Fett)
400 g Sahne

Für die Kaffeetränke:
200 ml starker Kaffee
1 EL Zucker
3 EL Amaretto (ital. Mandellikör)

Für die rote Beerenfüllung:
1 EL Speisestärke
50 ml Kirsch- oder Johannisbeersaft
300 g tiefgekühlte rote Beerenmischung
2 EL Zucker
½ Vanilleschote
1 Stück unbehandelte Zitronenschale (2–3 cm)
2–3 EL Zitronensaft

Außerdem:
200 g Löffelbiskuits

1 Am Vortag für die Quarksahne die Gelatine in kaltem Wasser einweichen. Eigelbe und Puderzucker mit 1 Prise Salz, Vanillemark und Zitronenschale schaumig rühren. Dann den Quark unterrühren.

2 Die Gelatine ausdrücken und in einem kleinen Topf in 1 EL Quarkmasse bei milder Hitze auflösen. Dann unter die übrige Quarkmasse rühren. Zuletzt die Sahne steif schlagen und unterheben.

3 Für die Kaffeetränke den Kaffee mit Zucker und Amaretto mischen. Die Hälfte der Löffelbiskuits nebeneinander dicht in eine Auflaufform (etwa 20 x 30 cm) legen. Mit der Hälfte der Tränke beträufeln und die Hälfte der Quarkcreme darauf verteilen. Die übrigen Löffelbiskuits nebeneinander darauflegen, tränken und die übrige Quarkcreme darauf verstreichen. Das Tiramisu zugedeckt über Nacht kühl stellen.

4 Am nächsten Tag für die rote Beerenfüllung die Speisestärke mit wenig kaltem Saft glatt rühren. Restlichen Saft mit Beeren, Zucker, Vanilleschote, Zitronenschale und -saft in einem Topf erhitzen. Mit der angerührten Speisestärke binden und abkühlen lassen.

5 Die rote Beerenfüllung gleichmäßig auf dem Tiramisu verteilen und das Tiramisu servieren.

Angelika Schwalber empfiehlt

Mit anderen Früchten wie Mandarinen, Ananas, Kaki oder Mango schmeckt das Tiramisu auch sehr gut. Dafür statt der Beeren schöne, gut reife Früchte verwenden und die Füllung mit Apfel- oder Aprikosensaft zubereiten.

Königinpasteten mit Crème brûlée und Punschkirschen

Zutaten für 10 Stück

Für die Crème brûlée:
2 Eier
3 Eigelb
90 g Zucker
250 g Sahne
250 g Mascarpone
Mark von 1 Vanilleschote
1–2 Msp. abgeriebene unbehandelte Zitronenschale
1–2 EL brauner Zucker

Für die Pasteten:
4 tiefgekühlte Platten Blätterteig
Zucker für den Blätterteig

Für die Punschkirschen:
200 g tiefgekühlte Sauerkirschen
3–4 EL brauner Zucker
100 ml Rotwein
1 TL Speisestärke
1 EL Rum
1 EL Zitronensaft
2 EL Orangensaft
1 Gewürzsäckchen (bestehend aus 2–3 cm Vanilleschote, 4 Kardamomkapseln, je 2–3 cm unbehandelte Zitronen- und Orangenschale, 1 Sternanis, 3 Gewürznelken, 1 Scheibe Ingwer und 2–3 cm Zimtstange)

1 Am Vortag für die Crème brûlée den Backofen auf 130 °C vorheizen. Alle Zutaten außer dem braunen Zucker in einen hohen Rührbecher geben und mit dem Stabmixer pürieren. Eine Auflaufform (20 x 30 cm) mit Frischhaltefolie auslegen und die Masse einfüllen. Ein tiefes Backblech zu einem Drittel mit Wasser füllen und die Form hineinstellen. Im Ofen etwa 75 Minuten stocken lassen, herausnehmen und über Nacht abkühlen lassen.

2 Am nächsten Tag für die Pasteten die Blätterteigplatten nebeneinander auf der Arbeitsfläche auftauen lassen. Ein Backblech mit Backpapier belegen. Aus dem Teig 20 Kreise (à 5 cm Durchmesser) mit einem Loch (à 2 ½ cm Durchmesser) und 10 Kreise ohne Loch ausstechen. Je 2 Teigkreise mit Loch leicht mit Wasser bestreichen und aufeinandersetzen. Diese auf 1 Kreis ohne Loch setzen. Die Pasteten auf das Blech setzen und etwa 20 Minuten kühl stellen.

3 Den Backofen auf 220 °C vorheizen. Die Oberfläche der Pasteten leicht mit etwas Wasser bestreichen und in Zucker tauchen. Einen Spritzer Wasser auf das Blech geben und die Pasteten im Ofen auf der mittleren Schiene 13 bis 15 Minuten backen. Herausnehmen und abkühlen lassen.

4 Für die Punschkirschen die Kirschen auftauen lassen. Den Zucker in einem Topf leicht karamellisieren und mit dem Wein ablöschen. Die Kirschen dazugeben und einmal aufkochen. Die Speisestärke mit 2 bis 3 EL Wasser glatt rühren und die Kirschen damit binden. Die restlichen Zutaten dazugeben, den Topf vom Herd ziehen und die Punschkirschen etwa 1 Stunde ziehen lassen. Das Gewürzsäckchen wieder entfernen.

5 Die Crème brûlée aus der Form heben und mit einem Ausstecher (etwa 7 cm Durchmesser) Kreise ausstechen. Jeden der Kreise mit braunem Zucker bestreuen und den Zucker mit dem Flambierbrenner karamellisieren.

6 Die Königinpasteten nach Belieben mit Puderzucker bestäuben und mit den Punschkirschen füllen. Mit jeweils 1 Mini-Crème-brûlée auf Desserttellern anrichten.

Kokos-Soufflé mit mariniertem Fruchtsalat

Zutaten für 6 Personen

Für die Soufflés:
40 g weiche Butter
40 g Mehl
3 TL geröstete Kokoraspel
1 Vanilleschote
190 ml Kokosmilch
3 Eier
40 g Zucker
Salz

Für den Fruchtsalat:
1 reife Ananas
1 reife Mango
1 reife Papaya
1 Kiwi
1 Karambole
2–3 reife Kumquats
½ Netzmelone
6 Physalis

Für die Marinade:
3 EL brauner Zucker
Saft und abgeriebene Schale von 1 unbehandelten Orange
Saft von 1 Limette
½ Vanilleschote
100 g reife Mangowürfel
1 Maracuja

Außerdem:
1 EL Butter und 2–3 EL Zucker für die Förmchen
Puderzucker zum Bestäuben

1 Für die Soufflés die Butter mit Mehl und Kokosraspeln verkneten. Die Vanilleschote der Länge nach aufschneiden und das Mark herauskratzen. Kokosmilch, Vanilleschote und -mark in einem Topf aufkochen. Vanilleschote wieder entfernen und die Butter-Mehl-Mischung nach und nach in die kochende Vanillemilch rühren. Die Masse in eine Schüssel geben und abkühlen lassen.

2 Inzwischen für den Fruchtsalat die Ananas schälen, vierteln, den harten Strunk herausschneiden und das Fruchtfleisch in 1 bis 2 cm große Würfel schneiden. Die Mango schälen, das Fruchtfleisch auf den flachen Seiten vom Stein schneiden und in Spalten schneiden. Papaya schälen, halbieren, entkernen und in Scheiben schneiden. Die Kiwi schälen und in Scheiben schneiden. Die Karambole waschen und in Scheiben schneiden. Die Kumquats heiß abwaschen, trocken tupfen, in Scheiben schneiden und ggf. entkernen. Mit einem Kugelausstecher aus der Melone kleine Kugeln ausstechen. Die Früchte dekorativ auf einem Teller anrichten. Die Physalis dazusetzen.

3 Den Backofen auf 180 °C vorheizen. Sechs Portionsförmchen (à etwa 125 ml Inhalt) mit der Butter einfetten und mit Zucker ausstreuen. Dabei den überschüssigen Zucker herausklopfen. Die Eier trennen und die Eiweiße mit dem Zucker und 1 Prise Salz cremig rühren. Die Eigelbe unter die abgekühlte Vanillemilchmasse rühren, den Eischnee unterheben. Die Masse in die Souffléförmchen verteilen. Ein tiefes Backblech zu einem Drittel mit Wasser füllen und die Formen hineinstellen. Die Soufflés im Ofen auf der untersten Schiene 25 bis 30 Minuten backen.

4 Für die Marinade den Zucker in einem Topf karamellisieren und mit Orangensaft ablöschen. Orangenschale, Limettensaft, Vanilleschote sowie Mangowürfel dazugeben und etwas köcheln lassen. Dann die Vanilleschote wieder entfernen und den Rest mit dem Stabmixer pürieren. Die Maracuja halbieren, das Mark mit einem Löffel herauslösen. Zum Fruchtpüree geben und die Marinade über dem Fruchtsalat verteilen.

5 Die Soufflés aus dem Backofen nehmen, nach Belieben mit gerösteten Kokoschips garnieren und leicht mit Puderzucker bestäuben. Sofort servieren und den Fruchtsalat dazu reichen.

Aprikosen-Topfenpalatschinken in der Tasse

Zutaten für 6 Stück

Für die Palatschinken:
2 Eier · 1/4 l Milch
1 EL Zucker · 100 g Mehl
Salz · 1 Msp. Vanillemark
etwas abgeriebene unbehandelte Zitronenschale
Öl zum Ausbacken

Für die Topfenfüllung:
30 g weiche Butter
70 g Zucker
1 TL Vanillepuddingpulver
2 Eigelb · Salz
1 Msp. Vanillemark
etwas abgeriebene unbehandelte Zitronenschale
80 g Schmand
250 g Speisequark (Topfen; 20 % Fett) · 2 EL Sahne

Für die Aprikosenfüllung:
100 g getrocknete Softaprikosen · 1 EL Zucker
100 ml Orangensaft
150 ml Aprikosensaft
2 Kardamomkapseln (angedrückt)
1/2 Zimtstange

Für den Milchguss:
50 ml Milch · 50 g Crème fraîche · 1 Ei · 2 EL Zucker
1 Prise Salz · 1 Msp. Vanillemark · etwas abgeriebene unbehandelte Zitronenschale

Außerdem:
12 EL Milch
Puderzucker zum Bestäuben

1 Für die Palatschinken Eier und Milch in einer Schüssel mit Zucker mischen. Mehl, 1 Prise Salz, Vanillemark und Zitronenschale dazugeben und alles mit dem Schneebesen zu einem glatten Teig verrühren. Etwas Öl in einer Pfanne erhitzen und aus dem Teig nacheinander 4 Palatschinken (Pfannkuchen) backen.

2 Für die Topfenfüllung die weiche Butter mit dem Zucker schaumig rühren. Puddingpulver, Eigelbe, 1 Prise Salz, Vanillemark und Zitronenschale dazugeben. Dann den Schmand und den Quark unterrühren, zuletzt die Sahne untermischen.

3 Für die Aprikosenfüllung die Früchte in kleine Würfel schneiden und mit den restlichen Zutaten in einen Topf geben. Bei mittlerer Hitze auf die Hälfte einkochen, dann abkühlen lassen. Vor dem Verarbeiten Zimt und Kardamom entfernen.

4 Für den Milchguss alle Zutaten in einen hohen Rührbecher geben und mit dem Stabmixer mischen.

5 Den Backofen auf 160 °C vorheizen. Aus jedem Palatschinken mit einem runden Ausstecher in der Größe einer ofenfesten Kaffeetasse (à 150 ml) Kreise ausstechen und in sechs Tassen je 1 Kreis legen. Je 1 EL Topfenfüllung daraufgeben, erneut 1 Palatschinken-Kreis darauflegen und die Aprikosenfüllung darauf verteilen (Foto siehe S. 64/65). Dann zweimal im Wechsel Palatschinken-Kreise und Topfenfüllung daraufgeben. Jeweils mit 1 Palatschinken-Kreis abschließen. Zuletzt den Milchguss darübergeben.

6 Die Topfenpalatschinken in der Tasse im Ofen auf der mittleren Schiene 30 bis 35 Minuten backen. Aus dem Ofen nehmen und noch heiß mit je 2 EL Milch begießen. Mit Puderzucker bestäuben und lauwarm nach Belieben mit Schlagsahne garniert servieren.

Cremetörtchen

1 Für die Cremefüllung die Speisestärke und das Puddingpulver mit 5 EL Milch glatt rühren und die Eigelbe untermischen. Zucker, restliche Milch und 4 EL Wasser in einem Topf aufkochen und langsam mit der angerührten Speisestärke binden. Alles unter Rühren einkochen lassen, dann Vanillemark, Orangenschale und 1 Prise Salz dazugeben und zugedeckt abkühlen lassen.

2 Den Backofen auf 220 °C vorheizen. Die Mulden des Mini-Tarteletteblechs mit Butter einfetten und mit Mehl ausstäuben. Die Blätterteigplatte auf der Arbeitsfläche ausbreiten und mit einem runden Ausstecher mit gewelltem Rand (etwa 5 ½ cm Durchmesser) 24 Kreise ausstechen. Jeweils 1 Kreis in die Mulden legen und die Füllung darauf verteilen.

3 Die Törtchen im Ofen auf der mittleren Schiene etwa 20 Minuten backen. Falls die Füllung beim Backen übergeht, die Törtchen kurz aus dem Ofen nehmen und etwa 2 Minuten ruhen lassen, dann weiterbacken. Die Cremetörtchen herausnehmen und noch warm servieren.

Zutaten für ca. 24 Stück
(1 Mini-Tarteletteblech)

Für die Cremefüllung:
2 EL Speisestärke
½ EL Vanillepuddingpulver
¼ l Milch
2 Eigelb
80 g Zucker
1 Msp. Vanillemark
etwas abgeriebene unbehandelte Orangenschale
Salz

Außerdem:
Butter und Mehl für das Tarteletteblech
1 Packung Blätterteig
(ca. 275 g, auf Backpapier; aus dem Kühlregal)

Angelika Schwalber empfiehlt

Damit sich der Blätterteig gut verarbeiten lässt, diesen am besten immer gut gekühlt einsetzen und nie lange in der Wärme liegen lassen.

Waffeltorte „Schwarzwälder Kirsch“

Zutaten für 2 Torten

Für den Waffelteig (ergibt ca. 12 Stück):
6 Eier
120 g Zucker
Salz
1 Msp. abgeriebene unbehandelte Zitronenschale
1 Msp. Vanillemark
200 g Mehl
5 EL Kakaopulver
1 TL Backpulver
300 g Sahne

Für die Kirschfüllung:
500 g tiefgekühlte Sauerkirschen
1 Päckchen Vanillepuddingpulver
100 ml Aronia- oder Kirschsaft
2 EL Zucker
2–3 EL Zitronensaft
1 Msp. Vanillemark
½ Zimtstange

Für die Kirschwassersahne:
1 EL Puderzucker
2 Päckchen Sahnesteif
300 g Sahne
4 cl Kirschwasser

Außerdem:
Fett für das Waffeleisen
geraspelte Zartbitterkuvertüre zum Bestreuen

1 Für den Waffelteig die Eier trennen. Die Eiweiße mit Zucker und 1 Prise Salz cremig aufschlagen. Eigelbe, Zitronenschale und Vanillemark unterrühren. Mehl, Kakaopulver und Backpulver mischen, sieben und abwechselnd mit der Sahne unterheben. Aus dem Teig nacheinander in einem heißen, gefetteten Waffeleisen 12 Waffeln backen. Abkühlen lassen.

2 Für die Füllung die Kirschen auftauen lassen und dabei den Saft auffangen. Das Vanillepuddingpulver mit etwas Aronia- oder Kirschsaft glatt rühren. Den restlichen Aronia- oder Kirschsaft mit dem aufgefangenen Saft, Zucker, Zitronensaft, Vanillemark und Zimtstange aufkochen. Die Zimtstange wieder entfernen. Die Saftmischung mit dem angerührten Vanillepuddingpulver binden und die Kirschen dazugeben. Kühl stellen.

3 Für die Kirschwassersahne den Puderzucker mit dem Sahnesteif mischen. Die Sahne leicht steif schlagen, Puderzuckermischung und Kirschwasser dazugeben und weiterschlagen, bis die Sahne fest, aber nicht flockig ist.

4 Je 1 bis 2 EL Kirschwassersahne und Kirschfüllung beiseitestellen. Dann je 6 Waffeln pro Torte aufeinandersetzen: Dafür erst 1 Waffelboden auf eine Platte legen und mit Sahne bestreichen. Abwechselnd je 1 Waffel, etwas Kirschwassersahne und einige Kirschen daraufgeben. So fortfahren, bis alles verbraucht ist.

5 Die Waffeltorten 1 Stunde kühl stellen. Zum Servieren mit beiseitegestellter Sahne, restlichen Kirschen sowie Kuvertürespänen verzieren.

Haselnuss-Schoko-Schnitten

Zutaten für ca. 30 Stück

Für den Schokoladenrührteig:
100 g weiche Butter
100 g Zucker
Salz
1 Msp. Vanillemark
1 Ei
250 g Mehl
1 Msp. Backpulver
2 EL Kakaopulver
5 EL Milch

Für die Karamellnüsse:
180 g brauner Zucker
2 EL heller Ahornsirup
1 EL Zitronensaft
150 g Butter
400 g geröstete, gehackte Haselnüsse
1 Msp. Vanillemark

Außerdem:
Öl für die Form

1 Für den Schokoladenrührteig den Backofen auf 180 °C vorheizen. Einen Backrahmen (25 x 30 cm) mit 1 EL Öl einfetten und auf ein mit Backpapier belegtes Backblech stellen. Die Butter mit dem Zucker, 1 Prise Salz und Vanillemark leicht schaumig rühren. Das Ei dazugeben und unterrühren.

2 Das Mehl mit Backpulver und Kakaopulver sieben und abwechselnd mit der Milch unter die Ei-Butter-Masse rühren. Den Teig gleichmäßig in den Backrahmen füllen und im Ofen auf der mittleren Schiene etwa 15 Minuten backen.

3 Für die Karamellnüsse den braunen Zucker mit Ahornsirup, Zitronensaft, 5 EL Wasser und Butter in einem Topf bei milder Hitze unter Rühren so lange erwärmen, bis sich der Zucker aufgelöst hat. Dann unter Rühren noch etwa 5 Minuten köcheln lassen. Zuletzt Haselnüsse und Vanillemark untermischen.

4 Den Schokoladenboden aus dem Ofen nehmen und etwa 10 Minuten ruhen lassen. Dann die Karamellnüsse gleichmäßig und zügig auf dem Boden verstreichen und den Kuchen nochmals 5 Minuten backen.

5 Den Kuchen aus dem Ofen nehmen und abkühlen lassen. Mit einem scharfen Messer in 30 etwa 6 x 5 cm große Schnitten teilen.

Angelika Schwalber empfiehlt

Für eine feinnussige Variante der Schnitten ersetzen Sie das Kakaopulver im Teig durch gemischte gemahlene Nüsse.

Birnen-Apfel-Tarte-Tatin mit Ingwer

1 Den Backofen auf 160 °C vorheizen. Den Zucker in einem Topf karamellisieren. Nach und nach die Butter in kleinen Stücken dazugeben. Den Karamell mit Zimt, Vanillemark, Zitronensaft, -schale und Ingwer mischen und in die Tarteform füllen.

2 Birnen und Äpfel vierteln, schälen und entkernen. Die Viertel nochmals halbieren und die Obstspalten gleichmäßig auf dem Karamell verteilen. Die Tarte im Ofen auf der mittleren Schiene etwa 30 Minuten backen. Aus dem Ofen nehmen und den Saft abgießen.

3 Die Blätterteigplatte auf einer Platte ausbreiten, einen Kreis in Größe der Tarteform ausschneiden und in die Form legen. Die Äpfel- und Birnenspalten mit dem Blätterteigkreis bedecken und diesen mit einer Gabel mehrmals einstechen.

4 Die Birnen-Apfel-Tarte im Ofen weitere 30 Minuten backen. Herausnehmen und 10 Minuten ruhen lassen, dann stürzen und servieren.

Zutaten für 1 Tarteform
(ca. 24 cm Durchmesser)

150 g Zucker
75 g kalte Butter
½ TL Zimtpulver
1 Msp. Vanillemark
3–4 EL Zitronensaft
etwas abgeriebene unbehandelte Zitronenschale
1 TL fein geriebener Ingwer
2 große Birnen
2 große Äpfel
1 Packung Blätterteig
(ca. 275 g, auf Backpapier; aus dem Kühlregal)

Angelika Schwalber empfiehlt

Die Tarte Tatin schmeckt am besten lauwarm mit Sahne oder Vanilleeis. Sie kann auch mit Pfirsichen oder Aprikosen zubereitet werden, dafür benötigt man etwa 600 g Obst. Den Ingwer ersetzt man bei einer Aprikosen-Tarte am besten durch etwas Thymian und bei einer Pfirsich-Tarte durch etwas Basilikum.

Schichtkuchen mit Blaubeerspiegel

Für ca. 24 Stück

Für den Blaubeerspiegel:
2 Blatt Gelatine
90 g Zucker
1 TL Pektin
170 g Blaubeeren (frisch oder tiefgekühlt und aufgetaut)
1 EL Zitronensaft
1 Msp. abgeriebene unbehandelte Zitronenschale
1 Stück Vanilleschote (ca. 3 cm)
3 EL Aroniasaft

Für den Rührteig:
150 g weiche Butter
100 g Puderzucker
1 Msp. abgeriebene unbehandelte Zitronenschale
Salz
1 Msp. Vanillemark
2 Eier
1 Eigelb
200 g Mehl
1 TL Backpulver
2 TL Kakaopulver
1 EL Milch
30 g pürierte, durchpassierte Himbeeren
rote Lebensmittelfarbe

Für die Grünteemousse:
2 Blatt Gelatine
200 g Speisequark (20 % Fett)
60 g Puderzucker
1–2 TL Matcha-Teepulver
Salz
1 Msp. abgeriebene unbehandelte Zitronenschale
1 Msp. Vanillemark
200 g Sahne

1 Am Vortag für den Blaubeerspiegel die Gelatine nach Packungsanweisung in kaltem Wasser einweichen. Zucker und Pektin mischen. Die restlichen Zutaten in einem Topf aufkochen, 1 Minute kochen lassen, dann die Zuckermischung dazugeben. Vanilleschote wieder entfernen. Die Gelatine ausdrücken, unter Rühren in der Blaubeersauce auflösen und die Masse mit dem Stabmixer pürieren. Über Nacht kühl stellen.

2 Am nächsten Tag für den Rührteig den Backofen auf 170 °C vorheizen. Ein Backblech mit Backpapier belegen und einen Backrahmen (30 x 22 cm) daraufstellen. Die Butter mit dem Puderzucker leicht schaumig rühren. Zitronenschale, 1 Prise Salz und Vanillemark untermischen. Eier und Eigelb nach und nach unterrühren. Das Mehl mit Backpulver mischen, sieben und unterrühren.

3 Kakaopulver und Milch verrühren. Das Himbeerpüree mit Lebensmittelfarbe noch intensiver rot färben. Den Teig dritteln. Unter ein Teigdrittel den Kakao und unter das zweite das Himbeerpüree mischen. Das dritte Drittel hell lassen. Zuerst den Schokoteig gleichmäßig auf dem Blech verstreichen. Den Himbeerteig mit einem Spritzbeutel mit kleiner Lochtülle daraufspritzen und glatt streichen. Zuletzt den hellen Teig wie den Himbeerteig auftragen.

4 Den Kuchen im Ofen auf der mittleren Schiene 20 bis 25 Minuten backen. Herausnehmen, etwas abkühlen lassen, den Backrahmen vorsichtig mit einem Messer vom Kuchenboden lösen, aber um den Boden stehen lassen. Kuchenboden abkühlen lassen.

5 Für die Grünteemousse die Gelatine in kaltem Wasser einweichen. Quark, Puderzucker, Teepulver, 1 Prise Salz, Zitronenschale und Vanillemark verrühren. Die Gelatine ausdrücken und in einem kleinen Topf bei milder Hitze unter Rühren auflösen, dann 2 bis 3 EL Quarkmasse unterrühren. Die Gelatine-Quark-Mischung unter die restliche Masse rühren. Die Sahne steif schlagen und unterheben. Die Mousse gleichmäßig auf dem abgekühlten Boden verstreichen und 1 bis 2 Stunden kühl stellen.

6 Den Backrahmen vorsichtig lösen und den Blaubeerspiegel auf den Kuchen streichen und alles nochmals 30 Minuten kühl stellen. Zum Servieren den Kuchen in Quadrate (à 5 x 5 cm) schneiden und nach Belieben garnieren.

Mohnblume mit Zitronenglasur

Zutaten für ca. 14 Stücke

Für die Mohnfüllung:
60 g Zucker
90 g gemahlener Mohn
40 g Semmelbrösel
30 g Vanillepuddingpulver
1/4 l Milch
40 g getrocknete Birnenscheiben
40 g Cranberrys
Salz
1 Msp. Vanillemark
1 Msp. abgeriebene unbehandelte Orangenschale

Für den Hefeteig:
500 g Dinkelmehl
60 g Zucker
Salz
je 1 Msp. abgeriebene unbehandelte Zitronen- und Orangenschale
1 Msp. Vanillemark
30 g frische Hefe
140 ml lauwarme Milch
2 Eier
100 g weiche Butter

Für die Zitronenglasur:
125 g Puderzucker
Saft von 1/2 Zitrone

Außerdem:
Mehl für die Arbeitsfläche
Öl für die Form

1 Für die Mohnfüllung 40 g Zucker mit 150 ml Wasser aufkochen. Den gemahlenen Mohn dazugeben und alles nochmals aufkochen. Die Semmelbrösel hinzufügen und unterrühren. Aus Puddingpulver, Milch und restlichem Zucker nach Packungsanweisung einen Vanillepudding kochen und heiß unter die Mohnmasse rühren. Birnen in kleine Stücke schneiden und mit Cranberrys, 1 Prise Salz, Vanillemark und Orangenschale unter die Mohn-Vanille-Masse mischen. Abkühlen lassen.

2 Für den Hefeteig alle Zutaten außer der Butter in eine Schüssel geben und etwas verkneten. Die Butter dazugeben und alles mit den Knethaken des Handrührgeräts zu einem glatten Teig verkneten. Den Teig mit Frischhaltefolie zugedeckt an einem warmen Ort etwa 15 Minuten gehen lassen.

3 Den Backofen auf 175 °C vorheizen. Ein Backblech mit Backpapier belegen. Den Hefeteig nochmals durchkneten, vierteln und jedes Viertel auf der leicht bemehlten Arbeitsfläche zu Kreisen (à 26 cm Durchmesser) ausrollen. Die Füllung auf 3 Böden verteilen und diese Böden aufeinandersetzen. Dann den unbestrichenen Boden daraufsetzen.

4 Den Kuchen auf das Blech setzen, in der Mitte einen Kreis (10 cm Durchmesser) einzeichnen und den Kuchen von diesem Kreisrand ausgehend 8 Mal strahlenförmig bis zum äußeren Kuchenrand durchschneiden. Die so entstandenen 8 Stücke nochmals in der Mitte einschneiden (aber nicht bis zu den Rändern durchschneiden!). Durch den so entstandenen Einschnitt die Teigenden wie durch eine Schlaufe ziehen. Einen Springformrand oder Tortenring (26 cm Durchmesser) mit Öl einfetten und um den Teig stellen. Den Kuchen im Ofen auf der mittleren Schiene 30 bis 40 Minuten backen.

5 Für die Glasur Puderzucker und Zitronensaft verrühren. Den Kuchen aus dem Ofen nehmen, etwas abkühlen lassen und den Springformrand entfernen. Den Mohnkuchen mit der Zitronenglasur bestreichen und den Guss trocknen lassen.

Hefezopf „Schoko-Nuss-Vanille“

Zutaten für 1 Zopf

Für den Hefeteig:
500 g Mehl
80 g Zucker
Salz
1 Msp. abgeriebene unbehandelte Zitronenschale
1 Msp. Vanillemark
30 g frische Hefe
130 ml lauwarme Milch
2 Eier
100 g weiche Butter

Außerdem:
30 g gemahlene Haselnüsse
7 EL Milch
2 TL Kakaopulver
2–3 EL Hagelzucker zum Bestreuen

1 Für den Hefeteig alle Zutaten außer der Butter in eine Schüssel geben und etwas verkneten. Die Butter dazugeben und alles mit den Knethaken des Handrührgeräts zu einem glatten Teig verkneten. Den Teig mit Frischhaltefolie zugedeckt an einem warmen Ort etwa 15 Minuten gehen lassen.

2 Die Nüsse und 2 EL Milch mischen, das Kakaopulver mit 2 EL Milch verrühren. Den Teig dritteln. Unter ein Drittel die Nüsse und unter das zweite Drittel den Kakao kneten. Das letzte Drittel hell lassen. Jedes Teigdrittel zu einer Kugel formen und zugedeckt an einem warmen Ort etwa 15 Minuten ruhen lassen.

3 Den Backofen auf 175 °C vorheizen. Ein Backblech mit Backpapier auslegen. Die Teigkugeln in gleich große Stränge rollen und zu einem Zopf flechten. Den Zopf auf das Blech legen und nochmals zugedeckt etwa 15 Minuten gehen lassen.

4 Hefezopf mit der restlichen Milch bestreichen und mit dem Hagelzucker bestreuen. Im Ofen auf der mittleren Schiene 25 bis 30 Minuten backen. Herausnehmen und etwas abkühlen lassen, nach Belieben lauwarm oder kalt servieren.

Angelika Schwalber empfiehlt

Mit etwas Butter und Marmelade ist der Hefezopf schon zum Frühstück ein Genuss! Wer keine Haselnüsse mag, kann diese auch durch Mandeln ersetzen.

Rotwein-Punschtorte

1 Am Vortag für die Biskuitmasse den Backofen auf 200 °C vorheizen. Ein Backblech mit Backpapier belegen und einen Tortenring (20 cm Durchmesser) daraufsetzen. Zucker und Eiweiße mit 1 Prise Salz zu einem cremigen Eischnee schlagen. Die Eigelbe mit Vanillemark und Zitronenschale dazugeben und kurz unterrühren. Das Mehl mit Speisestärke und Backpulver sieben, dann unter die Masse heben. Zuletzt Öl und 3 EL heißes Wasser untermischen. Die Masse in 3 Teile teilen und das erste Drittel in den Tortenring füllen. Im Ofen auf der mittleren Schiene 12 bis 14 Minuten backen.

2 Unter die beiden übrigen Drittel der Biskuitmasse einmal Haselnüsse und einmal Kakaopulver heben. Auf ein Blatt Backpapier zwei Kreise (à 20 cm Durchmesser) zeichnen und auf ein Backblech legen. Die beiden Massen jeweils auf einen der Kreise geben und darauf verstreichen. Dann wie das erste Drittel backen.

3 Für die Punschtränke Mandarinen mit Zucker und Orangensaft in einem Topf aufkochen. Die Gewürze dazugeben und alles etwa 10 Minuten ziehen lassen. Dann Zimtstange entfernen und Rum hinzufügen.

4 Die Böden mit dem Tortenring sauber ausstechen. Den Schokoladenboden auf eine Tortenplatte legen und mit der Preiselbeerkonfitüre bestreichen. Den Nussboden darauflegen, mit der Tränke gut beträufeln und mit 2 bis 3 EL Aprikosenkonfitüre bestreichen. Zuletzt den hellen Boden auflegen, andrücken und ebenfalls tränken. Die Böden müssen gut getränkt sein, sollen aber nicht „auslaufen“. Über Nacht kühl stellen.

5 Am nächsten Tag die Biskuitreste mit der restlichen Aprikosenkonfitüre zu einer glatten Masse mischen und die Torte damit rundum einstreichen. Die Torte mit dem Marzipandeckel komplett eindecken. Puderzucker und Wein zu einer Glasur rühren und die Torte damit rundum überziehen. Die restliche Glasur in einen kleinen Spritzbeutel geben und damit ein Muster auf die Torte spritzen, beispielsweise Sterne oder Ornamente. Zuletzt die Torte mit Zuckerperlen verzieren.

Zutaten für ca. 8 Stücke

Für die Biskuitmasse:
180 g Zucker
6 Eiweiß
Salz
6 Eigelb
1 Msp. Vanillemark
etwas abgeriebene unbehandelte Zitronenschale
100 g Mehl
70 g Speisestärke
1 TL Backpulver
3 EL Öl
3 EL gemahlene Haselnüsse
2 EL Kakaopulver

Für die Punschtränke:
1 kleine Dose Mandarinen (175 g Abtropfgewicht)
2 EL Zucker
100 ml Orangensaft
1 Msp. Vanillemark
1 Stück Zimtstange (ca. 2 cm)
je etwas abgeriebene unbehandelte Zitronen- und Orangenschale
3 EL Rum

Außerdem:
2–3 EL Preiselbeerkonfitüre
ca. 150 g Aprikosenkonfitüre
1 runder Marzipandeckel (Fertigprodukt, ca. 30 cm Durchmesser)
150 g Puderzucker
3 EL Rotwein
Zuckerperlen zum Verzieren

Süsse Mango-Burger mit Erdbeer-Pfeffer-Sauce

Zutaten für ca. 15 Stück

Für den Brandteig:
100 ml Milch
50 g Butter
160 g Mehl
Salz
3 Eier
2 EL helle Sesamsamen

Für die Vanillesahne:
220 ml Milch
3 EL Zucker
½ Päckchen Vanillepuddingpulver
125 g Sahne
2 Päckchen Sahnesteif
2 EL Orangenlikör (z.B. Cointreau)

Für die Erdbeer-Pfeffer-Sauce:
100 g Erdbeeren
1 EL Zucker
1 EL Zitronensaft
1 TL rosa Pfefferbeeren

Außerdem:
2 reife, aber nicht zu weiche Mangos
Puderzucker zum Bestäuben

1 Für den Brandteig die Milch mit 100 ml Wasser und der Butter in einem Topf aufkochen. Mehl und 2 Prisen Salz auf einmal dazugeben, zügig unterrühren und die Masse im Topf etwas anrösten. Dann in eine Schüssel geben und etwas abkühlen lassen. Die Eier einzeln unterrühren und so lange rühren, bis die Masse glatt ist.

2 Den Backofen auf 210 °C vorheizen. Ein Backblech mit Backpapier belegen. Die Masse in einen Spritzbeutel mit mittlerer Lochtülle füllen und nebeneinander etwa 15 flache Tupfen (à etwa 5 cm Durchmesser) auf die Bleche spritzen. Mit Sesam bestreuen. Einige Spritzer Wasser auf die Bleche geben und die Windbeutel im Ofen auf der mittleren Schiene 12 Minuten backen. Dann die Backofentemperatur auf 165 °C reduzieren und die Windbeutel weitere 10 Minuten backen. Aus dem Ofen nehmen und abkühlen lassen.

3 Für die Vanillesahne aus Milch, Zucker und Puddingpulver nach Packungsanweisung einen Pudding kochen. Mit Frischhaltefolie direkt bedecken und abkühlen lassen. Inzwischen die Sahne steif schlagen. Den kalten Pudding glatt rühren und die geschlagene Sahne mit Sahnesteif und Likör unterheben.

4 Für die Erdbeer-Pfeffer-Sauce die Erdbeeren putzen und waschen. Mit Zucker, Zitronensaft und Pfefferbeeren in einen hohen Rührbecher geben und alles mit dem Stabmixer pürieren.

5 Die Mangos schälen und auf dem Gemüsehobel in feine Scheiben schneiden. Die Windbeutel quer halbieren und die Mangoscheiben jeweils schlaufenförmig auf die Unterseiten legen. Die Vanillesahne in einen Spritzbeutel mit mittlerer Sterntülle füllen und jeweils als Ring auf die Mangoscheiben spritzen. In die Mitte jeweils etwas Erdbeersauce geben und die Windbeuteloberseiten darauflegen. Leicht mit Puderzucker bestäuben.

Buchtelzwerge mit Powidl und Zimtbutter

Zutaten für ca. 24 Stück

Für den Hefeteig:
250 g Mehl
½ Würfel Hefe (21 g)
25 g Zucker
1 Ei
¼ TL Salz
125 ml lauwarme Milch
1 Msp. Vanillemark
etwas abgeriebene unbehandelte Zitronenschale
25 g weiche Butter

Außerdem:
60 g flüssige Butter
2 EL Zucker
½ TL Zimtpulver
ca. 100 g Powidlkonfitüre

1 Für den Hefeteig alle Zutaten außer der Butter in eine Schüssel geben und etwas verkneten. Die Butter dazugeben und alles mit den Knethaken des Handrührgeräts zu einem glatten Teig verkneten. Den Teig mit Frischhaltefolie zugedeckt an einem warmen Ort etwa 15 Minuten gehen lassen.

2 Die flüssige Butter in eine Springform (24 cm Durchmesser) geben. Zucker und Zimt mischen und die Butter damit bestreuen. Den Teig mit den Händen kurz durchkneten und zu 2 Stangen (à etwa 30 cm Länge) rollen. Jede Rolle in 12 Stücke schneiden, jedes Stück mit ½ TL Powidlkonfitüre füllen, wieder verschließen und nebeneinander auf der Nahtseite in die Zimtbutter setzen. Die Buchteln nochmals zugedeckt an einem warmen Ort 15 Minuten gehen lassen.

3 Den Backofen auf 180 °C vorheizen. Die Buchteln im Ofen auf der mittleren Schiene 30 bis 35 Minuten backen. Falls sie zu dunkel werden, mit Backpapier abdecken. Die Buchteln aus dem Ofen nehmen und warm oder abgekühlt servieren.

Angelika Schwalber empfiehlt

Zu den Buchteln schmeckt Vanillesauce oder Weinschaum hervorragend. Die Buchteln unbedingt mit der Nahtseite nach unten in die Zimtbutter geben, damit sie beim Gehen nicht aufplatzen und die Füllung austritt.

Mandelbeugerl mit Sauerkirschen

1 Für den Hefeteig alle Zutaten außer Butter und Marzipan in eine Schüssel geben und etwas verkneten. Butter und Marzipan in Stücke schneiden, dazugeben und alles mit den Knethaken des Handrührgeräts zu einem glatten Teig verkneten. Den Teig mit Frischhaltefolie zugedeckt an einem warmen Ort etwa 30 Minuten gehen lassen.

2 Für die Mandelfüllung 80 ml Wasser mit dem Zucker in einem Topf aufkochen. Mandeln und Marzipan dazugeben und alles zu einer glatten Masse verrühren. Restliche Zutaten untermischen, die Masse abkühlen lassen und in einen Spritzbeutel mit Lochtülle füllen.

3 Ein Backblech mit Backpapier belegen. Den Hefeteig auf der leicht bemehlten Arbeitsfläche etwa 3 mm dick ausrollen und mit einem ovalen Ausstecher (etwa 9 cm Durchmesser) 32 Teiglinge ausstechen. Jeweils den unteren Rand leicht mit Wasser bestreichen und in die Mitte der Länge nach einen etwa 5 cm langen Strang Mandelmasse aufspritzen. Die Mandelmasse im Teig einschlagen und die Teiglinge jeweils zu einem etwa 13 cm langen, nach außen dünner werdenden Strang rollen. Zu Beugerln (Hörnchen) formen und mit der Nahtseite nach unten auf das Blech legen.

4 Eigelb und Milch verrühren und die Beugerl damit bestreichen, dann etwa 30 Minuten trocknen lassen. Inzwischen den Backofen auf 190 °C vorheizen.

5 Die Beugerl nochmals mit Eimilch bestreichen, kurz trocknen lassen und dann im Ofen auf der mittleren Schiene 15 bis 20 Minuten backen. Herausnehmen und noch warm genießen.

Zutaten für ca. 32 Stück

Für den Hefeteig:
300 g Mehl
50 g Zucker
4 g Hefe
1 Prise Salz
1 Msp. Vanillemark
etwas abgeriebene unbehandelte Zitronenschale
1 Eigelb
100 ml Milch
150 g weiche Butter
40 g Marzipanrohmasse

Für die Mandelfüllung:
60 g Zucker
200 g gemahlene Mandeln
40 g Marzipanrohmasse
50 g Semmelbrösel
1 Prise Salz
1 Msp. Vanillemark
etwas abgeriebene unbehandelte Zitronenschale
½ TL Zimtpulver
3 EL Rum
1 EL Aprikosenkonfitüre
2 EL gehackte, getrocknete Sauerkirschen

Außerdem:
Mehl für die Arbeitsfläche
1 Eigelb
3 EL Milch

Angelika Schwalber empfiehlt

Die Beugerl können nach dem Backen gleich eingefroren werden. So hat man schnell etwas Leckeres zum Kaffee. Dafür etwa 1 Stunde zuvor auftauen lassen oder kurz auf den Toaster legen.

Zirbenmoussetörtchen mit Pinienkernäpfeln

Zutaten für 6 Stück

Für den Mandelschokoboden:
2 Eier · 2 EL Zucker
20 g Marzipanrohmasse
1 Msp. Vanillemark
40 g Mehl
½ EL Speisestärke
1 EL Schokoraspel

Für die Apfelfüllung:
2 Äpfel (z. B. Cox Orange; ca. 200 g)
2 EL Zucker
2 EL Zitronensaft
½ Zimtstange
1 EL Korinthen
2–3 EL Zirbenschnaps
1 EL Pinienkerne (gehackt)
etwas abgeriebene unbehandelte Zitronenschale
1 Stück Vanilleschote (ca. 3 cm)

Für die Zirbenmousse:
2 Blatt Gelatine
2 Eier
260 g Sahne
½ Vanilleschote
200 g flüssige Vollmilchkuvertüre
4 EL Zirbenschnaps
20 g Zucker
Salz

Für die Schokoladenglasur:
3 Blatt Gelatine
110 g Zucker
50 g Kakaopulver
60 g Sahne

Außerdem:
Öl und Zucker für die Formen

1 Am Vortag für den Mandelschokoboden den Backofen auf 210 °C vorheizen. Ein Backblech mit Backpapier belegen. Die Eier trennen. Die Eiweiße mit dem Zucker zu einem cremigen Eischnee rühren. Die Eigelbe mit Marzipan, Vanillemark und 1 EL heißem Wasser zu einer glatten Masse verarbeiten. Mehl und Speisestärke mischen und sieben, die Schokoraspel untermischen. Zuerst den Eischnee, dann die Mehlmischung unter die Eigelbmasse heben.

2 Die Masse zu einem Rechteck (17 x 25 cm) auf das Backpapier streichen und im Ofen auf der mittleren Schiene 10 bis 12 Minuten backen. Herausnehmen, mit dem Backpapier vom Blech ziehen und abkühlen lassen.

3 Für die Füllung die Backofentemperatur auf 200 °C reduzieren. Die Äpfel vierteln, schälen, entkernen und in 1 cm große Würfel schneiden. Die restlichen Zutaten mit den Äpfeln mischen, alles auf ein Backblech geben und im Ofen auf der mittleren Schiene 15 Minuten dünsten. Herausnehmen und abkühlen lassen.

4 Für die Zirbenmousse die Gelatine in kaltem Wasser einweichen. Die Eier trennen. 60 g Sahne mit der Vanilleschote aufkochen. Die Vanilleschote wieder entfernen, die Sahne unter die Eigelbe rühren. Die Gelatine ausdrücken und in der Eigelbmilch unter Rühren auflösen. Kuvertüre und Zirbenschnaps unterrühren. Eiweiße mit Zucker und 1 Prise Salz zu einem cremigen Eischnee schlagen. Die restliche Sahne steif schlagen und unter die Vanille-Schoko-Masse heben. Zum Schluss den Eischnee unterziehen.

5 Für die Glasur die Gelatine in kaltem Wasser einweichen. Zucker, Kakaopulver, 60 ml Wasser und Sahne aufkochen. Die Gelatine ausdrücken, dazugeben und unter Rühren auflösen. Über Nacht kühl stellen.

6 Sechs Dessertringe (à 7 ½ cm Durchmesser) mit Öl einfetten und mit Zucker bestreuen. Aus dem abgekühlten Boden 6 Kreise in Größe der Dessertringe ausstechen und unten in die Dessertringe legen. Die kalte Apfelfüllung kuppelförmig auf die Böden streichen und die Zirbenmousse darauf verteilen. Über Nacht tiefkühlen.

7 Am nächsten Tag die Törtchen aus den Ringen lösen. Die Glasur vorsichtig auf etwa 40 °C erwärmen und die Törtchen tiefgekühlt damit überziehen. Nach Belieben mit karamellisierten Nüssen und Schokogittern garnieren.

Gugelhupftörtchen „Zuppa inglese“

Zutaten für 6 Stück

Für die marinierten Himbeeren:
3 EL Zucker
200 g Himbeeren
3 EL Rum
3 EL Amaretto (ital. Mandellikör)
2 EL Amarenakirschen mit Saft
1 Stück Vanilleschote (2–3 cm)
etwas abgeriebene unbehandelte Zitronenschale

Für die Biskuitmasse:
2 Eiweiß
40 g Zucker · Salz
2 Eigelb
1 Msp. Vanillemark
40 g Mehl
30 g Speisestärke
½ TL Backpulver
10 g Kakaopulver

Für die Vanillecreme:
15 g Speisestärke
200 ml Milch · 2 Eigelb
1 Stück Vanilleschote (2–3 cm)
1 Eiweiß
35 g Zucker · Salz
etwas abgeriebene unbehandelte Zitronenschale

Außerdem:
Butter und Mehl für die Förmchen
Puderzucker zum Bestäuben

1 Für die marinierten Himbeeren Zucker und Himbeeren in einem Topf erhitzen. Restliche Zutaten dazugeben, den Topf vom Herd ziehen und alles 1 Stunde ziehen lassen.

2 Für die Biskuitmasse den Backofen auf 180 °C vorheizen. Sechs kleine Gugelhupfformen (à etwa 10 cm Durchmesser) mit Butter einfetten und mit Mehl ausstäuben. Eiweiße mit Zucker und 1 Prise Salz zu einem cremigen Eischnee schlagen. Die Eigelbe mit dem Vanillemark dazugeben und kurz unterrühren.

3 Das Mehl mit Speisestärke, Backpulver und Kakaopulver sieben, dann unter die Masse heben. Die Masse in die Förmchen füllen und im Ofen auf der mittleren Schiene etwa 15 Minuten backen.

4 Die Gugelhupfe aus dem Ofen nehmen, kurz abkühlen lassen und stürzen. Dann vollständig abkühlen lassen.

5 Für die Vanillecreme die Speisestärke mit etwas kalter Milch glatt rühren und die Eigelbe dazugeben. Die restliche Milch mit der Vanilleschote in einem Topf aufkochen. Die Eier-Stärke-Mischung unter die heiße Milch geben und damit binden. Das Eiweiß mit Zucker und 1 Prise Salz zu einem cremigen Eischnee schlagen und unter die heiße Creme heben. Zuletzt die Zitronenschale unterziehen.

6 Jeden Gugelhupf auf einen Dessertteller setzen, mit Puderzucker bestäuben und mit der heißen Vanillecreme füllen. Mit den marinierten Himbeeren garniert servieren.

Kirsch-Baiser-Törtchen

1 Für den Mürbeteig das Mehl auf die Arbeitsfläche sieben und in die Mitte eine Mulde drücken. Den Puderzucker mit Zitronenschale, Vanillemark, 1 Prise Salz und dem Eigelb in die Vertiefung geben. Die Butter in Stücken am Rand verteilen. Alles mit den Händen rasch zu einem glatten Teig verkneten. Zu einem Rechteck formen, in Frischhaltefolie wickeln und 1 Stunde kühl stellen.

2 Den Backofen auf 190 °C vorheizen. Ein Backblech mit Backpapier belegen. Den Teig auf der bemehlten Arbeitsfläche 3 mm dick ausrollen, 24 Kreise (à etwa 6 cm Durchmesser) ausstechen und auf das Blech legen. 8 Kreise leicht mit Milch bestreichen und mit den Mandeln bestreuen. Alle Kreise im Ofen auf der mittleren Schiene etwa 10 Minuten backen. Herausnehmen und abkühlen lassen.

3 Für den Kirschschaum Zucker und Eiweiß in einem Topf unter Rühren erwärmen. Dann mit der Konfitüre und den restlichen Zutaten in eine Schüssel geben und steif schlagen. Die Kirschschaummasse in einen Spritzbeutel mit Lochtülle geben und die Hälfte der Masse in Form von Tupfen auf 8 Mürbeteigböden (ohne Mandeln) spritzen. Dann je 1 Mürbeteigkreis (ohne Mandeln) auflegen und so andrücken, dass die Masse mit dem Rand abschließt.

4 Darauf die restliche Kirschschaummasse verteilen und jeweils 1 Mürbeteigboden mit Mandeln darauflegen, dabei ebenfalls andrücken. Die Törtchen kühl stellen, bis der Kirschschaum etwas fester geworden ist. Zum Servieren mit Puderzucker bestäuben.

Zutaten für 8 Stück

Für den Mürbeteig:
190 g Mehl
40 g Puderzucker
etwas abgeriebene unbehandelte Zitronenschale
1 Msp. Vanillemark
Salz
1 Eigelb
100 g weiche Butter

Für den Kirschschaum:
40 g Zucker
1 Eiweiß
100 g Sauerkirschkonfitüre (ohne Stücke)
1 Prise Salz
1 Msp. Vanillemark
etwas abgeriebene unbehandelte Zitronenschale
1–2 EL Zitronensaft

Außerdem:
Mehl für die Arbeitsfläche
Milch zum Bestreichen
30 g gemahlene Mandeln
Puderzucker zum Bestäuben

Angelika Schwalber empfiehlt

Der Kirschschaum kann auch mit Johannisbeer- oder Himbeerkonfitüre zubereitet werden. Die Törtchen schnell verzehren, da sie nicht lange haltbar sind.

Waldfrucht-Pralinentörtchen

Zutaten für 6 Stück

Für den Mürbeteig:
125 g Mehl
60 g Puderzucker
1 Msp. abgeriebene unbehandelte Zitronenschale
1 Msp. Vanillemark
Salz · 1 Ei
60 g weiche Butter

Für die Pralinentrüffelfüllung:
150 ml Milch
150 g Sahne
½ Vanilleschote
2 Eigelb
100 g Zartbitterkuvertüre

Für die Fruchtglasur:
200 g tiefgekühlte Waldfrüchte
150 ml roter Saft (z.B. Kirsch- oder Johannisbeersaft)
120 g Gelierzucker (3:1)
2 EL Zitronensaft

Für die Waldfruchtsahne:
200 g tiefgekühlte Waldfrüchte
2 Blatt Gelatine
2 Eigelb · 20 g Zucker
1 Msp. Vanillemark
2–3 EL Zitronensaft
1 Msp. abgeriebene unbehandelte Zitronenschale
220 g Sahne

Außerdem:
Mehl für die Arbeitsfläche
Mehl und Butter für die Förmchen
getrocknete Hülsenfrüchte zum Blindbacken
einige Waldfrüchte zum Garnieren

1 Am Vortag für den Mürbeteig das Mehl auf die Arbeitsfläche sieben und in die Mitte eine Mulde drücken. Den Puderzucker mit Zitronenschale, Vanillemark, 1 Prise Salz und Ei in die Vertiefung geben. Die Butter in Stücken am Rand verteilen. Alles mit den Händen rasch zu einem glatten Teig verkneten. Zu einem Rechteck formen, in Frischhaltefolie wickeln und 1 Stunde kühl stellen.

2 Den Backofen auf 170 °C vorheizen. Den Teig nochmals durchkneten und auf der leicht bemehlten Arbeitsfläche 3 mm dick ausrollen und mit einem runden Ausstecher (12 cm Durchmesser) 6 Kreise ausstechen. Sechs Tartelettеförmchen (à 10 cm Durchmesser) mit Butter fetten und mit etwas Mehl ausstäuben. Mit den Teigkreisen auslegen und jeweils einen Rand hochdrücken. Die Böden mit Backpapier auslegen, Hülsenfrüchte daraufgeben und die Teigböden im Ofen auf der mittleren Schiene 10 Minuten blindbacken.

3 Die Tartelettes herausnehmen, die Hülsenfrüchte entfernen und nochmals 10 Minuten backen. Die Mürbeteigböden etwas abkühlen lassen und herauslösen.

4 Für die Pralinentrüffelfüllung Milch, Sahne und Vanilleschote aufkochen, zu den Eigelben geben und „zur Rose abziehen" (siehe S. 70, Punkt 1). Kuvertüre hacken und unterrühren. Masse abkühlen lassen.

5 Für die Fruchtglasur die Waldfrüchte auftauen lassen und fein pürieren. Das Püree durch ein Sieb in einen Topf passieren. Die restlichen Zutaten dazugeben, einmal aufkochen und über Nacht kühl stellen.

6 Für die Sahne die Waldfrüchte auftauen lassen, mit dem Stabmixer fein pürieren und durch ein Sieb passieren. Die Gelatine in kaltem Wasser einweichen. Eigelbe mit Zucker und Vanillemark im warmen Wasserbad schaumig schlagen. Dann kalt schlagen und unter das Waldfruchtpüree rühren. Gelatine ausdrücken und unter Rühren bei milder Hitze auflösen. Erst 2 EL Waldfruchtpüree unterrühren, dann diese Mischung unter das restliche Püree rühren. Zitronensaft und -schale hinzufügen. Sahne steif schlagen und unterheben. Masse in sechs halbrunde Silikonformen (à 8 cm Durchmesser) füllen und tiefkühlen.

7 Die Tartelettеböden mit der Pralinentrüffelmasse füllen und über Nacht fest werden lassen. Am nächsten Tag die Waldfruchtsahne-Kuppeln auf ein Gitter geben und mit der leicht erwärmten Fruchtglasur überziehen. Dann mittig auf die Tartelettеböden setzen und außen mit frischen Waldfrüchten belegen.

Ricotta-Orangen-Cupcakes

Zutaten für 12 Stück

Für das Ricotta-Topping:
250 g Ricotta
30 g Zucker
1 Eigelb
1 TL Speisestärke
Saft und abgeriebene Schale von ½ unbehandelten Orange
1 Prise Salz
1 Msp. Vanillemark

Für den Rührteig:
100 g weiche Butter
100 g Puderzucker
Salz
1 Msp. Vanillemark
½ TL abgeriebene unbehandelte Zitronenschale
3 Eier
250 g Mehl
1 TL Backpulver
3–4 EL Milch

Außerdem:
Butter und Mehl für die Form
Puderzucker zum Bestäuben

1 Für das Ricotta-Topping alle Zutaten in einer Schüssel mit einem Schneebesen gründlich mischen.

2 Für den Rührteig den Backofen auf 180 °C vorheizen. Die Mulden eines Muffinblechs mit Butter einfetten und mit Mehl ausstäuben oder mit Papierförmchen auslegen. Die Butter in einer Schüssel mit Puderzucker, 1 Prise Salz und Gewürzen leicht schaumig rühren. Die Eier nach und nach dazugeben und gründlich unterrühren. Das Mehl und das Backpulver sieben und mit der Milch unterrühren.

3 Den Teig in die Mulden des Muffinblechs füllen und im Ofen auf der mittleren Schiene 8 bis 10 Minuten backen. Die Törtchen aus dem Ofen nehmen und das Ricotta-Topping mit einem Esslöffel darauf verteilen. Die Cupcakes noch einmal etwa 10 Minuten backen. Aus dem Ofen nehmen, kurz abkühlen lassen und aus den Mulden lösen. Mit Puderzucker leicht bestäuben.

Angelika Schwalber empfiehlt

Anstelle des italienischen Frischkäses Ricotta kann man für das Topping auch wunderbar Quark verwenden.

Schneeflocken-Cupcakes

Zutaten für 12 Stück

Für die weiße Schokosahne:
75 g weiße Kuvertüre
250 g Sahne
4 EL Kokoslikör (z. B. Batida de Coco)

Für den Rührteig:
125 g weiche Butter
100 g Puderzucker
Salz
1 Msp. Vanillemark
etwas abgeriebene unbehandelte Zitronenschale
4 Eier
100 g Mehl
1 TL Backpulver
60 g Kokosraspel

Außerdem:
Butter und Mehl für die Form
100 g Kirschkonfitüre
100 g Kokosraspel
12 Kirschen
Puderzucker zum Bestäuben

1 Am Vortag für die weiße Schokosahne die Kuvertüre in kleine Stücke hacken und in eine Schüssel geben. Die Sahne in einem Topf erhitzen und über die Kuvertüre gießen. Alles zu einer glatten und glänzenden Masse verrühren und den Likör dazugeben. Über Nacht zugedeckt kühl stellen.

2 Am nächsten Tag für den Rührteig den Backofen auf 180 °C vorheizen. Die Mulden eines Muffinblechs mit Butter einfetten und mit Mehl ausstäuben oder mit Papierförmchen auslegen.

3 Die Butter in einer Schüssel mit 2 EL Puderzucker, 1 Prise Salz und Gewürzen leicht schaumig rühren. Die Eier trennen. Eigelbe nach und nach dazugeben und gründlich unterrühren. Den restlichen Puderzucker mit den Eiweißen zu einem cremigen Eischnee schlagen und unter die Buttermasse heben.

4 Mehl und Backpulver sieben und mit den Kokosraspeln mischen. Die Mischung unter die Eier-Butter-Masse heben.

5 Den Teig in die Mulden des Muffinblechs füllen und je 1 TL Kirschkonfitüre in die Mitte geben. Die Cupcakes im Ofen auf der mittleren Schiene etwa 20 Minuten backen. Aus dem Ofen nehmen, kurz abkühlen lassen und aus den Mulden lösen.

6 Die weiße Schokosahne steif schlagen, in einen Spritzbeutel mit großer Lochtülle füllen und damit jeweils eine Kuppel mittig auf die Cupcakes spritzen. Jeweils mit Kokosraspeln einmanteln und mit 1 Kirsche verzieren. Zuletzt leicht mit Puderzucker bestäuben.

Angelika Schwalber empfiehlt

Wenn die Kokosflocken geröstet werden, haben sie ein noch besseres Aroma. Sie sind dann allerdings nicht mehr weiß.

Cakedrops „Sweet Orange“

Zutaten für ca. 34 Stück

Für den Rührteig:
1 kleine unbehandelte Orange (ca. 150 g)
125 g weiche Butter
60 g Puderzucker
½ TL abgeriebene unbehandelte Zitronenschale
Salz
1 Msp. Vanillemark
2 Eier
2 EL Orangenblütenwasser
150 g Mehl
25 g Speisestärke
½ TL Backpulver

Außerdem:
Butter und Mehl für die Form
30 g weiche Butter
30 g Marzipanrohmasse
30 g Doppelrahmfrischkäse
2 EL Schokosplitter
200 g bunte Schokolade
5–6 EL Zuckerperlen, Zuckerstreusel oder Kokosraspel zum Verzieren

1 Für den Rührteig die Orange heiß abwaschen und in einem Topf mit Wasser 1 Stunde kochen. Die Orange soll dabei im Wasser schwimmen. Anschließend herausnehmen und abkühlen lassen. Die Orange etwas klein schneiden und mit dem Stabmixer fein pürieren.

2 Den Backofen auf 180 °C vorheizen. Eine Springform (26 cm Durchmesser) mit Butter einfetten und mit Mehl ausstäuben. Die Butter mit dem Puderzucker leicht schaumig rühren. Zitronenschale, 1 Prise Salz und Vanillemark untermischen. Eier einzeln unterrühren, Orangenblütenwasser dazugeben. Das Mehl mit Speisestärke und Backpulver sieben und abwechselnd mit dem Orangenpüree hinzufügen.

3 Den Teig in die Form geben, glatt streichen und im Ofen auf der mittleren Schiene 25 bis 30 Minuten backen. Herausnehmen, etwas abkühlen lassen, aus der Form lösen und abkühlen lassen.

4 250 g Kuchen abnehmen und zerbröseln. Butter, Marzipan und Frischkäse zu einer glatten Masse verrühren. Frischkäsemasse und Schokosplitter unter die Kuchenbrösel mischen und daraus etwa 34 große Kugeln (à etwa 10 g) formen. Je 1 Zahnstocher hineinstechen und die Cakedrops so lange kühlen, bis sie fest sind. Die bunte Schokolade über dem warmen Wasserbad schmelzen (siehe Tipp S. 116) und die Kugeln einzeln darin eintauchen. Mit Zuckerperlen, Zuckerstreuseln oder Kokosraspeln verzieren und trocknen lassen.

Angelika Schwalber empfiehlt

Falls die Zahnstocher nicht in den Kugeln halten sollten, die Holzstäbchen in flüssige Schokolade tauchen, in den Teig stechen und fest werden lassen.

BON VOYAGE

Erdbeer-Vanille-Cronuts

Zutaten für ca. 20 Stück

Für den Cronuts-Teig:
200 g Mehl
20 g Zucker
Salz
1 Msp. abgeriebene unbehandelte Zitronenschale
1 Msp. Vanillemark
15 g frische Hefe
30 g weiches Butterschmalz

Für die Butterplatte:
60 g Butter
20 g Mehl

Für die Erdbeersahne:
100 g Erdbeerpüree
2 ½ EL Zucker
2 EL Zitronensaft
280 g Sahne
2 Päckchen Sahnesteif

Für die Vanilleglasur:
2 EL Milch
100 g Puderzucker
Mark von ½ Vanilleschote

Außerdem:
Mehl für die Arbeitsfläche
Butterschmalz zum Ausbacken
200 g Erdbeeren zum Garnieren
rosa Zuckerperlen zum Bestreuen

1 Für den Cronuts-Teig Mehl, Zucker, 1 gestr. TL Salz, Zitronenschale, Vanillemark und zerbröckelte Hefe in eine Schüssel geben. 125 ml kaltes Wasser und das Butterschmalz hinzufügen und alles mit den Knethaken des Handrührgeräts zu einem glatten Teig verkneten. Zugedeckt etwa 30 Minuten kühl stellen.

2 Für die Butterplatte Butter und Mehl mischen und auf Backpapier zu einem Rechteck (9 x 12 cm) verstreichen. Ebenfalls kühl stellen.

3 Den Cronuts-Teig auf der bemehlten Arbeitsfläche zu einem Rechteck (12 x 20 cm) ausrollen und die Butterplatte auf eine Hälfte legen. Die zweite Teighälfte darüberlegen und seitlich einschlagen. Dem Teig eine einfache und eine doppelte Tour geben, dabei dazwischen jedes Mal wieder auf 12 x 20 cm ausrollen. Für die einfache Tour eine Schmalseite zu zwei Dritteln zur Mitte hin einschlagen und die andere Seite darüberlegen, sodass drei Schichten entstehen. Für die doppelte Tour erst die linke Schmalseite zur Mitte hin einschlagen, dann die rechte, sodass ein Rechteck (10 x 12 cm) entsteht. Zuletzt die beiden Seiten aufeinanderlegen, damit 4 Schichten entstehen.

4 Dann den Teig etwa 1 ½ cm dick ausrollen. Mit einem Ausstecher Kreise (à 6 cm Durchmesser) ausstechen und jeweils in der Mitte ein 2 cm großes Loch ausstechen. Die Ringe zugedeckt bei Zimmertemperatur etwa 15 Minuten gehen lassen.

5 Das Butterschmalz in der Fritteuse oder in einem hohen Topf auf 180 °C erhitzen und die Teigringe darin auf jeder Seite 3 bis 4 Minuten goldbraun ausbacken. Herausheben, auf Küchenpapier abtropfen und abkühlen lassen.

6 Inzwischen für die Erdbeersahne das Erdbeerpüree mit 2 EL Zucker und Zitronensaft mischen. Die Sahne steif schlagen und unterheben. Sahnesteif mit restlichem Zucker mischen und ebenfalls zügig unterheben. Falls die Erdbeersahne zu weich ist, noch etwas Sahnesteif dazugeben. Die Erdbeersahne in einen Spritzbeutel mit Sterntülle füllen. Für die Vanilleglasur Milch und Puderzucker mit Vanillemark verrühren. Die Erdbeeren putzen, waschen und in Scheiben schneiden.

7 Die abgekühlten Cronuts waagerecht halbieren und die Erdbeersahne auf die unteren Hälften spritzen. Die Erdbeerscheiben so nebeneinander auf die Sahne legen, dass die roten Spitzen der Erdbeeren zu sehen sind. Die oberen Cronuts-Hälften mit der Vanilleglasur bestreichen, mit Zuckerperlen bestreuen und auf die Erdbeersahne setzen.

Spekulatius-Whoopies

1 Am Vortag für die Füllung Sahne, Schokolade und Vanillemark in einem Topf unter Rühren einmal aufkochen. Vom Herd nehmen und über Nacht in den Kühlschrank stellen.

2 Am nächsten Tag für den Rührteig den Backofen auf 160 °C vorheizen. Ein Backblech mit Backpapier belegen. Die Butter mit dem Puderzucker leicht schaumig rühren. Zitronenschale, Orangenschale, 1 Prise Salz, Vanillemark und Spekulatiusgewürz untermischen. Das Ei unterrühren. Das Mehl mit dem Backpulver und dem Kakaopulver mischen und sieben. Zuerst die Kuvertüre und dann abwechselnd die Mehlmischung und die Sahne unterheben.

3 Den Teig in einen Spritzbeutel mit mittlerer Lochtülle füllen und etwa 3 cm große Tupfen mit etwas Abstand zueinander auf das Backpapier spritzen. Im Ofen auf der mittleren Schiene 10 bis 12 Minuten backen. Herausnehmen und abkühlen lassen.

4 Die Nougatsahne aufschlagen und in einen Spritzbeutel mit mittlerer Sterntülle füllen. Auf die Hälfte der Whoopies einen Sahnering spritzen und in die Mitte jeweils etwas Sauerkirschkonfitüre füllen. Einen zweiten Whoopie darauflegen, leicht andrücken und die Whoopies mit je 1 Sahnerosette, 1 Amarenakirsche, 1 Schokostern und 1 Stück Zimtstange verzieren.

Zutaten für ca. 45 Stück

Für die Füllung:
300 g Sahne
150 g Nougatschokolade
1 Msp. Vanillemark
100 g Sauerkirschkonfitüre

Für den Rührteig:
100 g weiche Butter
80 g Puderzucker
je ½ TL abgeriebene unbehandelte Zitronen- und Orangenschale
Salz
1 Msp. Vanillemark
1 TL Spekulatiusgewürz
1 Ei
160 g Dinkelmehl
1 ½ TL Backpulver
1 EL Kakaopulver
1 EL flüssige Zartbitterkuvertüre
100 g Sahne

Außerdem:
ca. 45 Amarenakirschen
ca. 45 goldene Zartbitter-Sterne
ca. 45 Stücke Zimtstange
(à 2 cm)

Angelika Schwalber empfiehlt

Statt mit dem Spekulatiusgewürz können Sie den Rührteig für die Whoopies auch mit Lebkuchengewürz verfeinern.

Himbeer-Baiser-Whoopies

Zutaten für ca. 50 Stück

Für die Mandel-Whoopies:
50 g weiche Butter
40 g Puderzucker · Salz
1 Msp. abgeriebene unbehandelte Zitronenschale
1 Msp. Vanillemark
1 Eigelb · 100 g Mehl
½ TL Backpulver
50 ml Buttermilch

Für das Baiser:
1 Eiweiß
50 g Puderzucker · Salz
2 EL Mandelblättchen

Für die Schoko-Whoopies:
50 g weiche Butter
50 g Puderzucker · Salz
1 Msp. abgeriebene unbehandelte Zitronenschale
1 Msp. Vanillemark
1 Eigelb
1 EL flüssige Zartbitterkuvertüre
½ TL rote Lebensmittelfarbe
90 g Mehl
½ TL Backpulver
1 EL Kakaopulver
50 ml Buttermilch

Für die Himbeercreme:
150 g tiefgekühlte Himbeeren
150 g Mascarpone
1 TL Zitronensaft
1 Msp. Vanillemark
50 g Sahne
1 Päckchen Sahnesteif

Außerdem:
Puderzucker zum Bestäuben

1 Für die Mandel-Whoopies den Backofen auf 160 °C vorheizen. Ein Backblech mit Backpapier belegen. Die Butter mit Puderzucker, 1 Prise Salz, Zitronenschale und Vanillemark leicht schaumig rühren. Das Eigelb unterrühren. Das Mehl mit dem Backpulver sieben und abwechselnd mit der Buttermilch unterrühren. Den Teig in einen Spritzbeutel mit mittlerer Lochtülle füllen und 2 ½ cm große Tupfen mit etwas Abstand auf das Backblech spritzen.

2 Für das Baiser das Eiweiß mit Puderzucker und 1 Prise Salz steif schlagen. Die Masse mit einem Telöffel auf die Mandeltupfen setzen oder mit einem Spritzbeutel mit kleinerer Lochtülle mittig daraufspritzen. Mit den Mandeln bestreuen und die Whoopies im Ofen auf der mittleren Schiene 10 bis 13 Minuten backen.

3 Für die Schoko-Whoopies die Butter mit Puderzucker, 1 Prise Salz, Zitronenschale und Vanillemark leicht schaumig rühren. Eigelb, Kuvertüre und Lebensmittelfarbe unterrühren. Das Mehl mit Backpulver und Kakao sieben und abwechselnd mit der Buttermilch unterrühren. Den Teig in einen Spritzbeutel mit mittlerer Lochtülle füllen und etwa 3 cm große Tupfen mit etwas Abstand auf einen Bogen Backpapier spritzen.

4 Mandel-Whoopies aus dem Ofen nehmen und mit dem Backpapier vom Blech ziehen. Sofort das Backpapier mit den Schoko-Whoopies auf das Blech ziehen und diese im Ofen 10 bis 13 Minuten backen. Herausnehmen und abkühlen lassen.

5 Für die Creme die Himbeeren auftauen lassen, mit dem Stabmixer pürieren und durch ein Sieb passieren. Mascarpone, Zitronensaft und Vanillemark unterrühren. Die Sahne mit dem Sahnesteif steif schlagen und unter die Himbeercreme heben.

6 Zum Zusammensetzen die Schoko-Whoopies wenden. Die Himbeercreme in einen Spritzbeutel mit mittlerer Sterntülle in einem Ring aufspritzen und je 1 Mandel-Whoopie daraufsetzen. Leicht mit Puderzucker bestäuben. Falls von der Himbeercreme noch etwas übrig ist, mit dem Spritzbeutel kleine Rosetten auf die Himbeer-Baiser-Whoopies spritzen und mit je ½ Himbeere garnieren.

Nuss-Nougat-Taler mit Marzipan

Zutaten für 12–13 Stück

Für die Nussmasse:
10 Eiweiß
100 g extrafeiner Zucker
Salz
1 Msp. Vanillemark
40 g Mehl
200 g Puderzucker
270 g gemahlene Haselnüsse
½ TL Zimtpulver
40 g heiße Butter

Für die Nougatsahne:
40 g flüssige Zartbitterkuvertüre
60 g flüssige Nougatmasse
3 EL Weinbrand
3 EL Orangenlikör (z. B. Cointreau)
1 Msp. Vanillemark
300 g Sahne

Für die Glasur:
1 ½ Blatt Gelatine
1 Eigelb
20 g Zucker
100 ml Milch
100 g Sahne
1 Msp. Vanillemark
70 g Zartbitterkuvertüre

Außerdem:
150 g Marzipanrohmasse
20 g Puderzucker
2–3 EL Aprikosenkonfitüre

1 Am Vortag für die Nussmasse den Backofen auf 170 °C vorheizen. Ein Backblech mit Backpapier belegen. Die Eiweiße mit Zucker und 1 Prise Salz cremig aufschlagen. Das Vanillemark kurz unterrühren. Mehl und Puderzucker sieben, Nüsse und Zimt untermischen. Die Mehl-Nuss-Mischung unter den Eischnee heben und zum Schluss die heiße Butter unterrühren. Die Nussmasse auf zwei mit Backpapier belegte Backbleche verteilen und jeweils zu einem Rechteck (à 40 x 30 cm) verstreichen. Auf der mittleren Schiene nacheinander 12 bis 15 Minuten backen. Herausnehmen und abkühlen lassen.

2 Für die Nougatsahne alle Zutaten außer der Sahne glatt verrühren. Die Sahne steif schlagen und unterheben. Die Bodenplatten mittig halbieren, sodass 4 Rechtecke (à 20 x 30 cm) entstehen. 3 Böden mit der Nougatsahne bestreichen und aufeinandersetzen, den unbestrichenen Boden daraufsetzen und die Nussschnitte über Nacht kühl stellen.

3 Für die Glasur die Gelatine nach Packungsanweisung in kaltem Wasser einweichen. Das Eigelb mit dem Zucker cremig schlagen. Milch, Sahne und Vanillemark aufkochen. Diese Mischung langsam zum Eigelb geben und unterrühren. Die Masse über dem warmen Wasserbad „zur Rose abziehen" (siehe S. 70, Punkt 1). Kuvertüre hacken und in drei Schritten kräftig unterrühren. Die Gelatine ausdrücken und unterrühren. Mit Frischhaltefolie abdecken und über Nacht kühl stellen.

4 Am nächsten Tag Marzipanrohmasse und Puderzucker verkneten und zu einem Rechteck (20 x 30 cm) ausrollen. Die Aprikosenkonfitüre glatt rühren und die Nussschnitte damit bestreichen. Das Marzipan darauflegen und etwas andrücken. Mit einem runden Ausstecher (6 cm Durchmesser) 12 bis 13 Kreise ausstechen. Die Taler mit der vorsichtig angewärmten Glasur bestreichen und trocknen lassen.

Beschwipste Push-up-Pops

1 Für das Baiser den Backofen auf 80 bis 100 °C vorheizen. Ein Backblech mit Backpapier belegen. Die Eiweiße mit 100 g Zucker steif schlagen. Den restlichen Zucker mit dem Puderzucker mischen und unter den Eischnee heben. Die Masse in einen Spritzbeutel mit Sterntülle füllen und nebeneinander 12 Rosetten (à 2 bis 3 cm Durchmesser) auf das Blech spritzen. Die restliche Masse auf das Blech streichen. Im Ofen 2 bis 3 Stunden trocknen lassen (siehe Tipp).

2 Für die Füllung die Pflaumen in kleine Würfel schneiden. Den Zucker in einem Topf karamellisieren und mit dem Orangensaft ablöschen. Pflaumen, Zitronensaft und Gewürze dazugeben und 10 bis 15 Minuten kochen. Weinbrand hinzufügen und alles abkühlen lassen.

3 Für die Schokosahne Milch, Sahne und Vanilleschote erhitzen. Eigelbe und Zucker schaumig rühren. Die Vanilleschote wieder entfernen, die heiße Milch-Sahne-Mischung dazugeben und „zur Rose abziehen" (siehe S. 70, Punkt 1). Die Kuvertüre hacken, in die heiße Eiermilch hineingeben und schmelzen. Die Sahne dann abkühlen lassen und aufschlagen.

4 Zum Servieren 12 Push-up-Formen (4 ½ cm Durchmesser und 8 cm Höhe) bereitstellen. Die Baiserplatte in kleine Stücke brechen. Dann alle Zutaten in Schichten in die Push-up-Formen füllen: Dafür zuerst etwas Baiserbruch, dann etwas Schokosahne und Pflaumenfüllung, wieder etwas Baiserbruch, Schokosahne und Pflaumenfüllung aufeinandergeben und mit 1 Baiserrosette abschließen.

Zutaten für 12 Stück

Für das Baiser:
3 Eiweiß
180 g Zucker
50 g Puderzucker

Für die Pflaumenfüllung:
100 g getrocknete Softpflaumen
1 EL Zucker
150 ml Orangensaft
1 EL Zitronensaft
½ Vanilleschote
1 Gewürznelke
½ Zimtstange
3 Sternanis
1 Stück unbehandelte Zitronenschale (ca. 2 cm)
100 ml Weinbrand

Für die Schokosahne:
¼ l Milch
250 g Sahne
½ Vanilleschote
5 Eigelb
40 g Zucker
340 g Zartbitterkuvertüre

Angelika Schwalber empfiehlt

Für ein gelungenes Baiser ist es wichtig, dass Sie den Eischnee schön fest aufschlagen und die Eischneemasse dann bei 80 bis max. 100 °C im Backofen langsam trocknen lassen.

Push-up-Pops „Kir Royal“

Zutaten für 12 Stück

Für den Rührteig:
100 g Rote oder Schwarze Johannisbeeren
50 g weiche Butter
80 g Puderzucker
abgeriebene Schale und Saft von 1 unbehandelten Zitrone
Salz
1 Msp. Vanillemark
1 Ei
40 g Naturjoghurt
60 g Mehl
½ TL Backpulver
50 g gemahlene Mandeln

Für die Champagnermousse:
4 Blatt Gelatine
3 Eigelb
50 g Zucker
Salz
200 ml Champagner
1 Msp. Vanillemark
1 Msp. abgeriebene unbehandelte Zitronenschale
Saft von ½ Zitrone
200 g Sahne

Außerdem:
ca. 200 g Himbeeren

1 Für den Rührteig den Backofen auf 170 °C vorheizen. Ein Backblech mit Backpapier belegen. Die Johannisbeeren waschen, trocken tupfen und von den Rispen zupfen.

2 Die Butter mit Puderzucker leicht schaumig rühren. Zitronenschale, 1 Prise Salz und Vanillemark untermischen. Ei, Joghurt und Zitronensaft unterrühren. Das Mehl mit Backpulver sieben, Mandeln dazugeben und alles unterrühren. Den Teig als Rechteck (23 x 30 cm) auf das Blech streichen, mit den Beeren bestreuen und im Ofen auf der mittleren Schiene etwa 15 Minuten backen. Herausnehmen und abkühlen lassen.

3 Für die Champagnermousse die Gelatine nach Packungsanweisung in kaltem Wasser einweichen. Die Eigelbe mit Zucker und 1 Prise Salz im warmen Wasserbad lauwarm aufschlagen. Dann in ein kaltes Wasserbad setzen und schaumig schlagen. Champagner, Vanillemark, Zitronenschale und -saft unterrühren.

4 Die Gelatine leicht ausdrücken und in einem Topf bei milder Hitze unter Rühren auflösen. Erst 1 bis 2 EL Eigelb-Champagner-Masse dazugeben und unterrühren, dann diese Mischung unter die restliche Masse rühren. Die Creme kühl stellen. Die Sahne steif schlagen und unterheben, sobald die Creme zu gelieren beginnt.

5 Aus dem Teigboden mit einem Ausstecher oder Glas (4 cm Durchmesser) 24 Kreise ausstechen. 12 Push-up-Formen (4 ½ cm Durchmesser und 8 cm Höhe) bereitstellen. Jeweils 1 Boden in eine Form legen, dann je 2 bis 3 Himbeeren daraufsetzen. Etwas Champagnermousse einfüllen, dann wieder 1 Boden, Himbeeren und Mousse daraufgeben. Die Formen auf diese Weise füllen. Nach Belieben mit Johannisbeeren und Minze garnieren und leicht mit Puderzucker bestäuben.

Schokobusserl

Zutaten für ca. 20 Stück

½ Blatt Gelatine
130 g Zucker
70 g Eiweiß
1 Msp. Vanillemark
Salz
ca. 20 Waffeln oder kleine Mürbeteigböden (Fertigprodukt; à 3 cm Durchmesser)
250 g Zartbitterkuvertüre
Kokosraspel, Perlen und Haselnusskrokant zum Verzieren

1 Die Gelatine nach Packungsanweisung in kaltem Wasser einweichen. Den Zucker in einem Topf mit 3 EL Wasser auf 120 °C (Zuckerthermometer) aufkochen.

2 Das Eiweiß cremig schlagen und den Zuckersirup in einem dünnen Strahl unterrühren. Die Gelatine ausdrücken und in einem kleinen Topf bei milder Hitze unter Rühren auflösen. Mit dem Vanillemark und 1 Prise Salz unterrühren. Die Masse im kalten Wasserbad kalt schlagen und etwa 1 Stunde kühl stellen.

3 Anschließend die Masse in einen Spritzbeutel mit Lochtülle füllen und damit Tupfen auf die Waffeln oder Mürbeteigböden spritzen. Nochmals 1 bis 2 Stunden kühl stellen.

4 Inzwischen die Kuvertüre hacken, im warmen Wasserbad unter Rühren schmelzen und temperieren (siehe Tipp S. 116). Die Busserl damit überziehen und zum Schluss mit Kokosraspeln, Perlen oder Haselnusskrokant verzieren.

Angelika Schwalber empfiehlt

Als Variante kann man unter die Baisermasse auch 1 EL gefriergetrocknete Himbeeren mischen.

Mandelstäbchen mit Schokoladenspitzen

Zutaten für ca. 28 Stück

Für die Mandelmasse:
2 EL Zucker
200 g Marzipanrohmasse
1 Eiweiß
2 Tropfen Bittermandelöl
1 Msp. Vanillemark
etwas abgeriebene unbehandelte Zitronenschale
Salz

Außerdem:
150 g Mandelblättchen für die Arbeitsfläche
100 g Zartbitterkuvertüre

1 Am Vortag für die Mandelmasse den Backofen auf 190 °C vorheizen. Ein Backblech mit Backpapier belegen. Alle Zutaten mit 1 Prise Salz zu einer glatten Masse verkneten und in einem Topf unter Rühren erhitzen, bis die Masse glänzt. Zugedeckt in einer Schüssel über Nacht abkühlen lassen.

2 Die Mandelblättchen auf der Arbeitsfläche ausstreuen. Die Masse halbieren und auf den Mandelblättchen jeweils zu einer etwa 70 cm langen Stange rollen. Jeweils in 5 cm lange Stücke schneiden und diese auf das Blech setzen. Im Ofen auf der mittleren Schiene 8 bis 10 Minuten backen. Aus dem Ofen nehmen und abkühlen lassen.

3 Inzwischen die Kuvertüre hacken, in einer Schüssel im warmen Wasserbad schmelzen und temperieren (siehe Tipp S. 116). Die abgekühlten Stäbchen mit den Spitzen in die Kuvertüre tauchen und diese trocknen lassen.

Angelika Schwalber empfiehlt

Die Mandelstäbchen bewahrt man am besten in einer Dose auf, denn dann bleiben sie lange frisch.

Weihnachtsschleifen mit Mohn

Zutaten für ca. 80 Stück

Für die Mohnfüllung:
1 EL Vanillepuddingpulver
125 ml Orangensaft
60 g Zucker
60 g gemahlener Blaumohn
Salz
1 Msp. Vanillemark
1 Msp. abgeriebene unbehandelte Zitronenschale
20 g Rosinen
2 EL Orangenlikör (z. B. Cointreau)

Für die Orangenglasur:
100 g Puderzucker
3–4 EL Orangensaft

Außerdem:
2 Packungen Blätterteig (à ca. 275 g; auf Backpapier; aus dem Kühlregal; ca. 40 x 24 cm)

1 Für die Mohnfüllung das Puddingpulver mit etwas Orangensaft glatt rühren. Den restlichen Orangensaft mit dem Zucker in einem Topf aufkochen.

2 Mohn, 1 Prise Salz, Vanillemark und Zitronenschale dazugeben und alles nochmals kurz aufkochen. Rosinen und Likör untermischen. Dann die Masse mit dem angerührten Puddingpulver binden, vom Herd nehmen, mit Frischhaltefolie abdecken und abkühlen lassen.

3 Eine Blätterteigplatte auf einer Platte ausbreiten und die Mohnfüllung darauf verstreichen. Die zweite Blätterteigplatte darüberlegen und mit dem Rollholz etwas andrücken. Alles etwa 1 Stunde kühl stellen.

4 Den Backofen auf 210 °C vorheizen. Zwei Backbleche mit Backpapier belegen. Die Platte erst quer in 2 cm breite Streifen und dann jeden Streifen in 6 cm große Stücke schneiden. Jedes Rechteck in der Mitte längs etwa 4 cm einschneiden, sodass rechts und links noch ein Rand ist. Dann eine Seite durch die Mitte ziehen. Die Schleifen auf die Bleche setzen und im Ofen auf der mittleren Schiene 10 bis 12 Minuten backen.

5 Inzwischen für die Orangenglasur den Puderzucker mit dem Orangensaft glatt rühren. Die Schleifen aus dem Ofen nehmen und noch warm mit der Glasur bestreichen. Auf einem Kuchengitter fest werden lassen.

Angelika Schwalber empfiehlt

Wer es nicht so süß möchte, kann die Weihnachtsschleifen statt mit der Orangenglasur zu bestreichen auch nur mit etwas Puderzucker bestäuben.

Schoko-Karamellchen

Zutaten für ca. 50 Stück

Für den Schokoladenteig:
200 g weiche Butter
120 g Puderzucker
1 Msp. Vanillemark
Salz
2 Eier
180 g Mehl
40 g Kakaopulver

Außerdem:
200 g Zartbitterkuvertüre
100 g Karamell (aus dem Glas)

1 Für den Schokoladenteig den Backofen auf 180 °C vorheizen. Zwei Backbleche mit Backpapier belegen. Die Butter in einer Schüssel mit Puderzucker, Vanillemark und 1 Prise Salz glatt rühren. Die Eier dazugeben und ebenfalls unterrühren. Zuletzt das Mehl mit dem Kakaopulver sieben und untermischen.

2 Den Teig in einen Spritzbeutel mit mittlerer Lochtülle füllen und 3 cm große Tupfen mit etwas Abstand zueinander auf die Bleche spritzen. Die Plätzchen im Ofen auf der mittleren Schiene etwa 5 Minuten backen. Aus dem Ofen nehmen und abkühlen lassen.

3 Inzwischen die Kuvertüre grob hacken, in einer Metallschüssel im warmen Wasserbad schmelzen und temperieren (siehe Tipp). Jeweils 2 abgekühlte Plätzchen mit etwas Karamell füllen, zusammensetzen und bis zur Hälfte in die flüssige Kuvertüre tauchen. Auf einem Bogen Backpapier fest werden lassen.

Angelika Schwalber empfiehlt

Sehr lecker schmecken die Plätzchen auch, wenn man sie mit Konfitüre füllt. Dafür zum Beispiel rote Johannisbeerkonfitüre verwenden.
Damit Kuvertüre einen schönen Glanz bekommt, ist es wichtig, dass sie beim Erwärmen die richtige Temperatur hat, sie sollte also „temperiert" werden. Dafür die Kuvertüre klein hacken und zwei Drittel davon im warmen Wasserbad unter Rühren schmelzen. Die Schüssel aus dem Wasserbad nehmen, die restliche Kuvertüre hinzufügen und unter Rühren in der warmen flüssigen Kuvertüre schmelzen. Falls sich die Stücke nicht ganz auflösen sollten, die Kuvertüre in der Schüssel nochmals vorsichtig im warmen Wasserbad erwärmen. Sie sollte dabei aber nicht mehr wärmer als 32° C, weiße Kuvertüre sogar nicht wärmer als 28 °C werden.

Hagelzucker-Zimtringe

1 Am Vortag für den Mürbeteig in einer Schüssel die Butter und den Sirup cremig rühren. Das Mehl mit dem Backpulver sieben und mit den Gewürzen unter die Buttermischung kneten. Den Teig zu einem Rechteck formen, in Frischhaltefolie wickeln und über Nacht kühl stellen.

2 Am nächsten Tag den Backofen auf 190 °C vorheizen. Zwei bis drei Backbleche mit Backpapier belegen. Den Teig auf der bemehlten Arbeitsfläche etwa 3 mm dick ausrollen und mit einem gewellten Ausstecher (etwa 4 ½ cm Durchmesser) Plätzchen ausstechen. Auf die Bleche setzen und jeweils in der Mitte ein rundes Loch (etwa 1 ½ cm Durchmesser) ausstechen.

3 Die Plätzchen mit der Milch bestreichen und mit dem Hagelzucker bestreuen. Im Ofen auf der mittleren Schiene 10 Minuten goldbraun backen. Herausnehmen und abkühlen lassen.

Zutaten für ca. 70 Stück

Für den Mürbeteig:
100 g weiche Butter
150 ml Karamellsirup
220 g Mehl
½ Päckchen Backpulver
½ TL Zimtpulver
1 Prise Salz
1 Msp. Vanillemark
etwas abgeriebene unbehandelte Zitronenschale

Außerdem:
Mehl für die Arbeitsfläche
3–4 EL Milch
100 g Hagelzucker

Angelika Schwalber empfiehlt

Damit die Zimtringe bis zum Verzehr schön knusprig bleiben, die Plätzchen nach dem Backen und Auskühlen am besten gleich in eine Dose geben und trocken und gut verschlossen darin aufbewahren.

Register

Wegweiser zu den Sendungen 2015/2016

Folge 01

Folge 02

Folge 03

Folge 04

Folge 05

Folge 06

Folge 07

Folge 08

Folge 9